Rosemary Crossley

Gestützte Kommunikation

Ein Trainingsprogramm

Übersetzung aus dem Englischen, deutsche Bearbeitung und Nachwort: Ralf Schützendorf

Mit einem Vorwort von Christiane Nagy

Beltz Verlag · Weinheim und Basel

Titel der Originalausgabe: Facilitaded Communication Training
© 1994 by Teachers College, Columbia University, New York

Gesetzt nach den neuen Rechtschreibregeln

Lektorat: Richard Grübling

© 1997 Beltz Verlag · Weinheim und Basel
Herstellung: Klaus Kaltenberg
Satz: Satz- und Reprotechnik GmbH, Hemsbach
Druck: Druckhaus Beltz, Hemsbach
Umschlaggestaltung: Federico Luci, Köln
Umschlagabbildung: Rambow + van de Sand, Frankfurt a.M.
Printed in Germany

ISBN 3-407-55796-5

Inhaltsverzeichnis

Vorwort

Im Herbst 1993 erregte eine Neuerscheinung auf dem Buchmarkt großes Aufsehen: »ich will kein inmich mehr sein« von Birger Sellin, einem stummen, zwanzigjährigen autistischen Mann. Die eigenartige, »unbehauene«, kraftvolle Sprache seiner Aufzeichnungen entsprach überhaupt nicht den Vorstellungen, die man von den Ausdrucksmöglichkeiten und der Gedankenwelt eines »geistig Behinderten« hatte. Sie ließ manche Rezensenten gar an Hölderlin, Ingrid Bachmann oder Werner Schwab denken.

Die ungewöhnliche Entstehung dieser Texte wiederum – Sellin brauchte, um auf dem Computer tippen zu können, die physische und psychische Unterstützung durch eine helfende Person – erregte auch Argwohn. Konnte wirklich ein stummer, so verhaltensschwieriger junger Mann sich so äußern, oder handelte es sich bei der »Gestützten Kommunikation« vielleicht nur um Manipulation, wie einige Studien aus den USA das zu beweisen schienen?

Birger Sellin verstand es, sich gegen solche Verdächtigungen zur Wehr zu setzen. Nachdem der SPIEGEL im Februar 1994 seine Autorenschaft in Zweifel gezogen hatte, lud er einen Reporter dieser Zeitschrift zu sich nach Hause ein. Während stundenlanger Beobachtung konnte dieser sich davon überzeugen, dass eine Manipulation undenkbar war: Der SPIEGEL zog seine Unterstellungen wieder zurück. Im Herbst 1995 brachte Sellin sogar den Mut auf, sich in einer Fernsehsendung vor Studiopublikum den Fragen des Moderators zu stellen, sodass jeder Interessierte nun mit eigenen Augen beobachten konnte, wie seine Texte entstanden.

Doch so neu, wie es den Presseberichten nach erschien, ist diese Methode, einem schwer kommunikationsgestörten Menschen zu schriftlichem Ausdruck zu verhelfen, gar nicht; und Sellin war nicht der erste Autist, der durch das Gestützte Schreiben die Mauern durchbrach, die ihn von seinen Mitmenschen trennten.

Ein Vorläufer war beispielsweise der autistische Autor Dietmar Zöller, der bereits 1976 als Sechsjähriger zunächst mit Handführung, dann nur noch mit einer stabilisierenden Berührung oberhalb des Handgelenks handschriftlich schreiben lernte und von dem zwei Bücher mit autobiographischen Aufzeichnungen erschienen sind: »Wenn ich mit euch reden könnte ...« (1989) und »Ich gebe nicht auf« (1992). In den USA erkannten in den Siebzigerjahren die Lehrkräfte einer Schule für autistische Kinder, dass manche ihrer nichsprechenden Schüler sich schriftlich differenziert äußern konnten – dazu jedoch die leichte Berührung der Schreibhand durch eine zweite Person benötigten (Oppenheim 1974). In Dänemark war es die bekannte Schauspielerin Lone Hertz, die in den Achtzigerjahren zu ihrem stummen, autistischen Sohn einen Zugang fand, als sie entdeckte, dass er sich durch das Zeigen auf Buchstaben mitteilen konnte – und auch er brauchte dazu eine Berührung (Hertz 1995).

Die Liste dieser Vorläufer ließe sich noch fortsetzen, es gibt weitere Berichte aus Deutschland, Großbritannien und den USA. Alle diese Fälle zeigen Gemeinsamkeiten: Ein schwer kommunikationsbehinderter autistischer Mensch hatte gelernt, sich schriftlich auszudrücken, brauchte jedoch zum Schreiben oder Tippen die – manchmal nur noch ganz leichte – Berührung durch eine andere Person. So war auch die Reaktion der Umgebung meist ähnlich: Im besten Fall sprach man von einem Einzelfall, im schlimmsten Fall verdächtigte man die stützende Person, die Mitteilungen stammten in Wirklichkeit von ihr.

Der australischen Therapeutin Rosemary Crossley, Autorin des vorliegenden Buches, kommt das Verdienst zu, dass sie die »Gestützte Kommunikation« als Kommunikations-Trainingsmethode für schwer sprachbehinderte und stumme Menschen zu einem System entwickelt hat, das durchaus nicht nur in Einzelfällen und nicht nur für autistische Menschen anwendbar ist. Sie nannte die Methode FCT (Facilitaded Communication Training). Wie der Begriff »facilitaded« (erleichtert) aussagt, geht es bei der Gestützten Kommunikation darum, durch physische, verbale und emotionale Hilfen die nichtlautsprachliche Kommunikation auf einem Kommunikationsgerät zu ermöglichen und zu erleichtern. In Deutschland hat sich mittlerweile die Übersetzung »Gestützte Kommunikation« und die Abkürzung »FC« eingebürgert.

Durch die Erfahrungen mit der Gestützten Kommunikation hat sich herausgestellt, dass bei vielen Menschen, die aufgrund herkömmlicher Tests als »geistig behindert« eingestuft werden, nicht so sehr die kognitiven und emotionalen Prozesse selbst gestört sind, sondern ihre Äußerung. Es gibt kommunikationsgestörte Menschen, die Freude empfinden, dies jedoch in ihren Reaktionen und ihrer Mimik nicht zeigen können; die im Kopf Sätze formulieren, sie aber nicht aussprechen können; die eine Aufforderung verstehen, sie aber trotzdem nicht oder nur mit einer Verzögerung ausführen können.

Gibt man manchen dieser Menschen jedoch eine physische Unterstützung an Hand, Handgelenk oder Unterarm (später reicht manchmal auch eine Berührung an der Schulter), so kann man ihnen dazu verhelfen, ihre vermutlich neurologisch bedingten Probleme so weit zu überwinden, dass sie gezielt auf Gegenstände, Symbole oder auf Buchstaben zeigen und sich damit verständlich machen können. Gerade am Anfang brauchen behinderte Menschen, die sich auf diese Art der Kommunikation einlassen, auch psychisch die Nähe eines Menschen, der ihnen hilft, Versagensängste und Konzentrationsschwierigkeiten zu überwinden.

In fesselnder Weise schildert Rosemary Crossley ihre ersten Schritte bei der Entwicklung der Methode in dem Buch »Annie's Coming Out« (1980; deutsche Ausgabe »Annie. Licht hinter Mauern«, 1990). Sie erzählt darin von ihrem zähen Kampf um die Anerkennung von Annies Kommunikationsfähigkeit, um das Recht des spastischen jungen Mädchens, das man für geistig behindert gehalten hatte, lebensbestimmende Entscheidungen selbst zu fällen.

Seit Annies Befreiung aus ihren »Mauern« sind viele Jahre vergangen – Jahre, in denen Rosemary Crossley in Melbourne das DEAL-Zentrum zur Beratung und Förderung kommunikationsbehinderter Menschen aufbaute (DEAL stand für »Dignity, Education, Advocacy, Language« – etwa zu übersetzen mit Würde, Bildung, Selbsbestimmung, Sprache). Hier entdeckte sie Ende der Achtzigerjahre, dass die Gestützte Kommunikation gerade bei Autisten und anderen bislang als »geistig behindert« diagnostizierten Menschen zu überraschenden Erfolgen führte.

Vom DEAL-Zentrum aus breitete sich nun die Methode rasch auch in anderen Ländern aus – zunächst vor allem in den USA, wo Professor Douglas Biklen Anfang der Neunzigerjahre an der Universität von Syracuse (New York) das Facilitaded Communication Institute gründete. Doch die euphorische Begeisterung, mit der die Medien die neue »Wundermethode« verbreiteten, führte in den USA auch mancherorts zu einem allzu naiven Umgang damit. Man unterschätzte die Schwierigkeiten der noch kommunikationsungeübten Schreiber mit dieser neuen Form, sich mitzuteilen, und interpretierte zu schnell Botschaften, die man zu entziffern glaubte.

In einem gesellschaftlichen Klima, in dem das Aufdecken von sexuellem Mißbrauch fast zu einer Mode geworden war, konnte es nicht lange dauern, bis auch mit FC geäußerte Inhalte zu Missbrauchsvorwürfen führten. Während sich ein Teil als begründet erwies, kam es in anderen Fällen zu vorschnellen, unbegründeten Beschuldigungen – für die Medien ein willkommener Anlass, die eben noch hoch gelobte Methode zu verteufeln

Dazu trugen auch die ersten, rasch entworfenen und durchgeführten »Doppelblindstudien« bei, bei denen es FC-Schreibern nur selten gelang, Bilder zu benennen, die ihre Stützer nicht sehen konnten, und in denen es in machen Fällen der unbewußte Einfluss des Stützers auf das im Test geschriebene

Wort nachgewiesen werden konnte. Praktiker, die schon längere Zeit mit FC arbeiteten, standen vor einem Paradox: Dieselben FC-Schreiber, die im Alltag spontan ihre Kommunikationsfähigkeit bewiesen hatten, indem sie ihren Stützern Dinge korrekt mitgeteilt hatten, die diese nicht wissen konnten, erwiesen sich nun als unfähig, solch einen »einfachen« Test zu bestehen!

Während mehrere Studien die negativen Ergebnisse zu bestätigen schienen – nur wenige Schreiber schafften es, ihren Stützern Dinge mitzuteilen, die diese nicht wissen konnten –, fingen auch erfahrene Befürworter der Methode an, sich mit dem Thema »Validation« (Gültigkeitserklärung) intensiver zu beschäftigen, und das Dunkel lichtete sich allmählich. Es wurde immer deutlicher, wie viele Faktoren (Wahrnehmungsstörungen, Wortfindungsprobleme, mangelnde Übung, starker psychischer Druck, Motivationsprobleme, schwankende Leistungsfähigkeit) erfolgreiche Kommunikation verhindern konnten, und entsprechend stieg in Studien, die diese Probleme berücksichtigten, auch die Zahl der FC-Schreiber, denen es nun gelang, auch unter kontrollierten Bedingungen ihre Kommunikationsfähigkeit nachzuweisen.

Nach Deutschland kam FC zu Anfang der Neunzigerjahre. Professor Biklens Mitarbeiterin, die Sprachtherapeutin Annegret Schubert, berichtete 1990 einer Berliner Elterngruppe von den ersten Erfahrungen aus den USA. Unter diesen Eltern befand sich auch die Psychologien Annemarie Sellin, deren Sohn Birger drei Jahre später durch die Veröffentlichung seiner Aufzeichnungen FC auch einem breiten Publikum bekannt machte. Als sich bei mehreren Jugendlichen in Berlin mit FC unerwartete Erfolge zeigten, begann Annemarie Sellin, die Methode in Seminaren auch an andere Eltern und Fachleute weiterzugeben.

So kam auch ich zum ersten Male mit FC in Berührung. Für unseren damals 13-jährigen autistischen Sohn, der als Kleinkind gesprochen und ein frühreifes Interesse an Buchstaben gezeigt hatte, im fünften Lebensjahr jedoch ganz verstummt war, hatte wir immer wieder vergeblich nach Möglichkeiten zur Kommunikation gesucht. Und auch bei uns geschah das, was wir wie ein Wunder empfanden: Langsam, im Lauf vieler Wochen und Monate, öffnete sich unser Sohn, und wir bekamen Einblicke in eine innere Welt, von der wir nichts geahnt hatten. Um weiteren behinderten Menschen diesen Weg zu eröffnen, begann auch ich, von der Ausbildung her Lehrerin für Fremdsprachen, in Zusammenarbeit mit FC-erfahrenen Fachleuten aus der Behindertenarbeit Seminare zu der Gestützten Kommunikation zu halten. Der Elternverein »Hilfe für das autistische Kind«, Regionalverband München, zu dessen Vorstand ich gehöre, unterstützte von Anfang an diese Arbeit, ermöglichte die Herausgabe meiner Broschüre »Einführung in die Methode der gestützten Kommunikation«, organisierte in der Folge regelmäßige Einführungs- und Fortgeschrittenenseminare und seit 1994 einmal pro Jahr eine überregionale Tagung zur Gestützten Kommunikation.

Durch das von den Medien geförderte Intersse an Birger Sellins beiden Büchern, die in vielen Städten stattfindenden Seminare und die Erfolge in der Praxis breitete FC sich aus und wurde zunehmend auch von Fachleuten (Lehrern, Therapeuten, Betreuern) übernommen und weiterentwickelt. Wer sich auf die Gestützte Kommunikation einließ, musste Zeit und Geduld für das vor allem anfangs mühsame Stützen aufbringen. Doch die Mühe wurde in dem Maß belohnt, in dem sich die ehemals so schwer zugänglichen Menschen öffneten.

Wenn die neue Kommunikationsmöglichkeit sie auch nicht von ihrer Behinderung befreien konnte, brachte sie doch vielen FC-Schreibern in Deutschland eine spürbare Verbesserung der Lebensqualität: In Familien und Einrichtungen bekamen sie mehr Mitspracherecht und zeigten mehr Selbstbewusstsein; im Freizeitbereich wurden ihnen mehr Angebote gemacht (Kino-, Konzert-, Restaurantbesuche); in einer eigenen halbjährlich erscheinenden Zeitschrift, dem »Bunten Vogel«(Redaktion: Frau Sellin), konnten sie Texte veröffentlichen und Brieffreunde finden. Für einige erfüllte sich auch der oft geäußerte Wunsch nach einem anspruchsvollen Bildungsangebot durch die Möglichkeit, ganzzeitig oder auch nur stundenweise eine Normalschule oder Erwachsenbildungskurse zu besuchen.

Einige Zitate aus dem »Bunten Vogel« sollen einen Eindruck von den Gedanken, Gefühlen und der oft ungewöhnlichen Ausdrucksweise dieser Menschen geben, die gelernt haben, sich mit Hilfe der gestützten Kommunikation zu äußern. Um die Authentizität zu wahren, sind Tipp- und Rechtschreibfehler nicht ausgebessert worden:

> »der gloriose tag. es war im herbst 1993, als ich anfing gestützt zu schreiben. jeder tag bis dahin war eine tortur. tatsächlich hatte ich mich schon aufgegeben ...« (Carsten, 27 J.)

> »– bei aggressionen und nervoesen gedanken faengt ein text mich auf.
> – ich brauche jonglierhilfen jede kunstvolle minute.
> – meine mutter nimmt meine hand nur um mich bei meiner kommunikation zu kognitiver jonglierfeinarbeit zu stützen.« (Josef, 16 J.)

> »VOR GENAU ZWEI JAHREN HAT MEIN LIEBER FREUND UND THERAPEUT SICH GEWANDELT UND GEÖFFNET FÜR MEINE FÄHIGKEITEN ... KEINER HAT ES BIS DAHIN FÜR MÖGLICH GEHALTEN DASS ICH SO INTELLIGENT BIN WIE ÄHNLICH BEHINDERTE OHNE SPRACHE. KANN ICH MEINE FÄHIGKEITEN ZEIGEN WENN KEIN MENSCH SIE WAHRHABEN WILL?« (Laura, 19 J.)

> »insel verlasse. als ich den ersten satz schrieb, stieg ich auf ein boot ... himmlisch nie mehr stumm bin.« (Rebecca, 15 J.)

> »Ich sage, ich bin sagenbemachtet worden durch FC-Methode, ich bin sooo glücklich seit ich schreiben darf. Ohne Schreiben wäre ich sooo genachtet, so sehr seelenvereinsamt, so sehr ohne Äußern meiner Seelengedanken ...« (Lutz, 21 J., handschriftlich geschrieben)

»ICH FINDE, DASS WIR ÜBERALL HILFE BENÖTIGEN, IST MERKWÜRDIG UND SEHR DEPREMIEREND. ICH BIN OFT DESHALB TRAURIG UND ZU NICHTS ZU GEBRAUCHEN.« (Andreas, 17 J.)

»Ich fühhle mich in mir zerrissen wie eine Zeitung in der viel geschriieben steht,die aber zerrissen ist.Sie muß sortiert werden und geklebt, damit man sie lesen kann. Richtig albern ist es in mirr mit den zerrissenen Stücken.Stellt Euch das mal vor,immer wieder ein anderes Stück von der Zeitung.Ich bin dabei zu sortieren alle richtigen Stücke zusammen zu finden.« (Uwe, 23 J.)

»eigentlich dürfen menschen, die über autismus reden, nicht sagen, die unsrigen heiteren gefühle reichten nicht bis in eigentliche seelentiefen hinein. es ist interessant festzustellen, daß heutige eitrige giftige hieobsbotschaften riesige dinge behaupten, die ewigquälende frustrierende folgen für uns haben.« (Christoph, 14 J.)

In Deutschland sind es mittlerweile hunderte von Kinder, Jugendlichen und Erwachsenen, die durch FC eine Stimme bekommen haben. Zunächst hielt man nur Autisten für geeignete Kandidaten. Doch in manchen Schulklassen und Tagesstättengruppen, wo FC zu einem alltaglichen Angebot für einige autistische Kinder geworden war, zeigten plötzlich auch nicht- oder kaum sprechende Kinder mit anderen Diagnosen (Rett-Syndrom, Down-Syndrom, geistige Behinderung unklarer Genese) den Wunsch – und zur Überraschung der Betreuer auch die Fähigkeit –, gestützt zu schreiben.

Die Erfahrung, wie gedankenvoll und scharfsichtig Menschen sich äußern, die man bisher aufgrund ihrer Sprachlosigkeit und oft auch ihrer Hilflosigkeit in der praktischen Lebensbewältigung für schwer geistig behindert hielt, legt es nahe, den Begriff »geistige Behinderung« neu zu überdenken. Doch ein Umdenken in der Gesellschaft wird nicht von heute auf morgen zu erreichen sein. Noch ist es, insgesamt gesehen, ein geringer Prozentsatz der Einrichtungen für »geistig Behinderte«, an denen Gestützte Kommunikation oder auch eine der anderen nichtlautsprachlichen Kommunikationsmethoden, z.B. Verständigung mit Handzeichen, Symbolsystemen oder Bildkarten, angeboten wird. Das Angebot hängt vom Zufall ab (ob die Mitarbeiter von der Methode gehört und die Gelegenheit gehabt haben, sie zu erlernen), vom Engagement einzelner Fachleute oder Eltern, von der Unterstützung der Leitung oder der Behörden.

Vielerorts herrscht noch Unsicherheit oder Verwirrung durch widersprüchliche Bewertung der Gestützten Kommunikation in Medien und Publikationen und durch die skeptische und abwartende Haltung vieler Wissenschaftler. Manche Institutionen fürchten die noch nicht absehbaren Veränderungen, die notwendig werden könnten, wenn sie sich auf FC einlassen. Außer dem Buch »Gestützte Kommunikation bei Menschen mit autistischer Störung« von Elisabeth Eichel, einigen Aufsätzen und meiner »Einführung in die Methode der gestützten Kommunikation« (herausgegeben vom Regionalverband »Hilfe für das autistische Kind«, München) gibt es noch kaum deutschsprachige Literatur zu dem Thema. So ist es auch verständlich, dass viele Fachleute und Eltern der Methode noch misstrauisch gegenüberstehen.

Wie die Erfahrungen aus den USA zeigen, hat ein kritischer und vorsichtiger Umgang mit FC durchaus seine Berechtigung. Das Gestützte Schreiben ist ein komplexes Phänomen, über dessen Wirkungsmechanismen bisher nur Hypothesen bestehen. FC gelingt nicht jeder Person und in jeder Situation; mit FC gemachte Aussagen entsprechen nicht immer der Realität; durch die Notwendigkeit, vor allem anfangs viel körperliche Unterstützung zu geben, besteht noch mehr als bei anderen Kommunikationsmethoden die Gefahr einer Beeinflussung durch den Kommunikationspartner. Diese Schwächen der Methode muss man kennen, ohne deswegen das Kind mit dem Bade auszuschütten – auch eine nichtideale Kommunikationsmöglichkeit ist der Stummheit bei weitem vorzuziehen.

In der gegenwärtigen Situation ist es vor allem nötig, der Gestützten Kommunikation – im Rahmen anderer Methoden der nichtlautsprachlichen Verständigung – ein solides Fundament zu geben:

- Die Wissenschaft muss sich mit den Erfahrungen auseinander setzen, die auf diesem Gebiet gemacht worden sind, und die zugrunde liegenden Wirkungsmechanismen weiter erforschen.
- Es müssen Grundlagen für einen verantwortlichen Umgang mit der Methode erarbeitet werden.
- Die Aus- und Fortbildungsmethoden für Stützer müssen verbessert werden, sodass die Qualität der Arbeit gewährleistet wird und alle Möglichkeiten genutzt werden, die Schreiber zur selbstständigen Benutzung eines Kommunikationsgerätes zu befähigen.

Ich freue mich, dass Rosemary Crossleys grundlegendes Buch über die Gestützte Kommunikation, in dem sie ihre langjährigen Erfahrungen verarbeitet hat, nun endlich auch in deutscher Sprache vorliegt. Ich wünsche dem Buch viel Erfolg: möge es noch vielen Menschen dabei helfen, »die eisigen Mauern aufzutauen«.

Christiane Nagy

Einführung

Kommunizieren, ohne zu sprechen

In *Der Graf von Monte Cristo* beschrieb Dumas 1845 (Dumas 1977) einen Mann, der seine Sprache und seine Fähigkeit, mit der Hand zu schreiben, durch einen Gehirnschlag verloren hatte. Dieser Mann war aber immer noch in der Lage zu kommunizieren, indem er seine Augenbewegungen nutzte, um Buchstaben oder Wörter, die seine Tochter ihm vorsprach, zu akzeptieren oder zu verneinen. Diese Strategie könnte die erste überlieferte Anwendung eines Kommunikationssystems durch eine Person mit schweren kommunikativen Beeinträchtigungen sein, deren Ursache nicht in einem Verlust des Hörvermögens liegt. Bis zu den Siebzigerjahren dieses Jahrhunderts waren solche Strategien selten; sie wurden, wie von Dumas beschrieben, normalerweise durch Familienangehörige eingerichtet und auf eine bestimmte Person zugeschnitten. Erst seit einiger Zeit sind Anstrengungen unternommen worden, allgemein anwendbare Kommuniktionstechniken für Menschen mit schweren Beeinträchtigungen in den Bereichen Verbalsprache und Handfunktionen zu entwickeln. Als McNaughton 1968 begann, Menschen mit schweren körperlichen Behinderungen zu unterrichten, waren bis dahin wenige Maßnahmen für Menschen getroffen wurden, die nicht sprechen konnten: »... einzelne Kinder, die Glück hatten, bekamen eine Ablage für ihren Rollstuhl, auf die Bilder aus Zeitschriften gelegt wurden, die sich auf die nötigsten Bedürfnisse bezogen« (McNaughton 1990).

Der Grundstein für die Arbeit auf dem Gebiet der nonverbalen Kommunikation wurde um 1970 gelegt. Es erschicnen Anleitungen für den Gebrauch und die Herstellung von Kommunikationstafeln (McDonald/Schultz 1973; Vicker 1974), und in Kanada begannen 1971 Kinder mit Zerebralparese Bliss-Symbole* erfolgreich zu benutzen (McNaughton/Kates 1980). Dieses neue Feld benötigte einen Begriff, augmentative und alternative Kommunikation (im deutschen Sprachraum: Unterstützte Kommunikation), und eine dazugehörige Terminologie. Augmentative Kommunikation wird benutzt, um die Verbalsprache, die in ihrem Vokabular oder ihrer Verständlichkeit eingeschränkt ist, zu ergänzen. Ist keine Verbalsprache vorhanden oder ist sie vollkommen unverständlich, wird eine alternative Kommunikationstrategie anstelle der Verbalsprache benutzt. Beide, augmentative und alternative Kommunikation, bedienen sich der gleichen Geräte und Strategien.

Zu dieser Zeit fanden Entwicklungen in der Technologie und in der Theorie der nonverbalen Kommunikation statt. Der Canon Communicator, eine Minischreibmaschine, die in den Niederlanden für Menschen mit sensorischen Störungen entwickelt wurde, und der Possum Scanning Typewriter, ein englisches Gerät, das für Menschen konstruiert wurde, die mit ihren Händen nicht tippen können, wurden umgehend von Menschen mit schweren kommunikativen Beeinträchtigungen angenommen. Mit den ersten erschwinglichen Personalcomputern wurde seit 1975 die Entwicklung auf dem Gebiet der augmentativen Kommunikation vorangetrieben. Seitdem haben eine immer weitere Verkleinerung der elektronischen Komponenten und die Entwicklung in der Technologie der synthetischen Produktion von Sprache die Produktion vieler neuer Gräte ermöglicht, die für Menschen mit verschiedenen intellektuellen und physischen Fähigkeiten ausgerichtet werden können.

Die meisten Bemühungen auf dem Gebiet der augmentativen Kommunikation waren anfänglich auf Menschen mit

* Anmerkung des Übersetzers: Das Bliss-Symbolsystem ist eine universelle grafische Symbolsprache nach dem Erfinder C. Bliss.

schweren körperlichen Behinderungen (z.B. Zerebralparese) ausgerichtet. Menschen, die nicht mit Hilfe ihrer Hände zeigen konnten, benutzten stattdessen Tafeln, auf denen sie durch Blicke Buchstaben oder Symbole auswählten, Kopfzeiger oder Scanningsysteme, die manuell oder durch Schalter bedient wurden. Große Kommunikationsanzeigen oder andere Vorrichtungen mussten an Rollstühlen angebracht werden. In den Achtzigerjahren folgten dann Laptop-Computer und Sprachsynthesizer.

Menschen mit schweren kommunikativen Beeinträchtigungen werden häufig fälschlicherweise als geistig behindert eingestuft. Das ist nicht überraschend, wenn man bedenkt, dass die Kategorisierung von geistiger Behinderung auf der Einschätzung expressiver Sprachfertigkeiten beruht. In den Siebzigerjahren wurde noch relativ wenig für die Bereitstellung der Technologie oder Techniken getan, um diesen Menschen, von denen viele gehen können, zu helfen. Selbst für viele Fachleute schien das Bild des Benutzers einer Kommunikationshilfe das eines Menschen zu sein, der zwar über einen wachen Verstand verfügt, aber in seinem Körper gefangen ist.

Zu dieser Zeit war die augmentative Kommunikation weitgehend auf die Bedürfnisse von Menschen mit schweren kommunikativen Beeinträchtigungen und körperlichen Behinderungen ausgerichtet, denen intellektuelle Fähigkeiten und Schriftkompetenz zugestanden wurden. Eine diesem Trend entgegenlaufende entwicklung fand in Großbritannien statt. Dort entwickelten die Logopäden Cornforth, Walker und Johnson (1974) ein Trainingsprogramm zur Kommunikation über Handzeichen für Menschen mit Hörschäden, die als lernbehindert beurteilt worden waren. Programme zum Erwerb der Zeichensprache, die ihr Makaton-Vokabular* benutzten, wurden weit verbreitet angewendet und ermöglichten vielen Menschen mit verschiedenen Entwicklungsbehinderungen, erfolgreich zu kommunizieren. Für eine Kommunikation über

* Anmerkung des Übersetzers: System, das Verbalsprache, Gebärden und grafische Symbole kombiniert.

Gebärden ist jedoch ein Partner erforderlich, der diese Zeichen ebenfalls kennt. Gebärden sind für Menschen nicht praktikabel, die eingeschränkte Handfunktionen oder Schwierigkeiten haben, die Zeichen nachzuahmen.

In jüngerer Zeit wurden Kommmunikationsanzeigen mit Bliss-Symbolen oder anderen Bildsystemen von einigen Menschen benutzt, die als geistig behindert eingestuft wurden. Dem folgte die Entwicklung kleinerer, preisgünstigerer Geräte mit Sprachausgabe, in denen aufgezeichnete Äußerungen durch Symbole repräsentiert sind. Eine mit Bildern und Symbolen aufgebaute Anzeige ist aber in dem zur Verfügung stehenden Vokabular eingeschränkt. Solche Vorrichtungen bergen in sich auch Probleme für Personen, die keine Symbole oder Bilder von großen Anzeigen auswählen können.

Trotz der Entwicklungen auf dem Gebiet der nonverbalen Kommunikation in den vergangenen 20 Jahren gibt es immer noch eine erhebliche Anzahl von Menschen, für die noch keine flüssige Kommunikation mit Hilfe der zur Verfügung stehenden Systeme möglich ist. Das Trainingsprogramm zur Gestützten Kommunikation (Facilitated Communication Training) kann möglicherweise für einige dieser Menschen hilfreich sein.

Das Trainingsprogramm zur Gestützten Kommunikation

Das Trainingsprogramm zur Gestützten Kommunikation ist eine Methode, mit der Menschen mit schweren kommunikativen Beeinträchtigungen unterrichtet werden, Kommunikationshilfen mit den Händen zu benutzen. Ein Stützer (facilitator) hilft dem Benutzer einer Kommunikationshilfe, die motorischen Beeinträchtigungen zu überwinden und funktionale Bewegungsmuster zu entwickeln. Der Stützer benutzt seine/ihre Hand zur Unterstützung oder zur Hemmung der Bewegungen des Benutzers einer Kommunikationshilfe. Das unmittelbare Ziel ist es, dem Benutzer einer Kommunikationshilfe eine Auswahl zu ermöglichen und ihm/ihr so eine Möglichkeit zur Kommunikation zu eröffnen, die vorher nicht bestand.

Kontinuierliche Übung bei der funktionalen Benutzung von Kommunikationshilfen wie Bildtafeln, Sprachsynthesizern oder Tastaturen führt zu einer Steigerung der motorischen Fertigkeiten, einer Steigerung des Selbstvertrauens und einer Verminderung der Abhängigkeit. Sobald sich die Fertigkeiten verbessert haben und das Selbstvertrauen gestiegen ist, ist der Grad der Stützung (facilitation) zu reduzieren. Das langfristige Ziel für den Schüler ist eine unabhängige Benutzung einer Kommunikationshilfe der eigenen Wahl.

Dieses Programm ist eine Unterrichtsmethode, die für gehende Personen geeignet sein könnte, deren Möglichkeiten, über Verbalsprache zu kommunizieren, eingeschränkt sind, und die aufgrund von motorischen Beeinträchtigungen Gebärden nicht oder nur ansatzweise anwenden können. Viele dieser Menschen sind als autistisch und/oder geistig behindert eingestuft worden. Durch das Trainingsprogramm zur Gestützten Kommunikation haben viele dieser Menschen eine funktionale Möglichkeit zur Kommunikation erhalten und so enthüllt, dass sie wider Erwarten die Fähigkeit haben zu verstehen und sie somit ein geistiges Potential besitzen.

Meine anfängliche Anwendung der Gestützten Kommunikation hatte keine theoretische Basis: Es war eine Handlung, zu der ich durch bestimmte Umstände gezwungen wurde. Nachdem ich schon fünf Jahre Kinder mit Zerebralparese unterrichtet hatte, suchte ich 1977 einen Weg für eine Kommunikation mit einem 16-jährigen Mädchen, bei der eine athetotische Zerebralparese diagnostiziert wurde. Sie benutzte keine verständliche Verbalsprache und wurde als schwer geistig behindert eingestuft.

Annie lebte seit ihrem dritten Lebensjahr in einer staatlichen Einrichtung, und sie hatte immer noch die Körpergröße einer Dreijährigen. Sie hatte keinen Rollstuhl und lag tagsüber auf dem Fußboden. Die schwere Spastik hatte ihren Körper in die Form eines gespannten Bogens gebracht, ihr Kopf wurde in Richtung ihrer Ferse gedrückt. Wenn sie in einem Baby-Buggy (der einzigen vorhandenen Sitzmöglichkeit) saß, zogen sich ihr Kopf und ihre Schultern so weit zurück, dass sie zu ersticken drohte. Damit sie auf vor ihr plazierte Gegenstände sehen konnte, war es notwendig, ihre Hüften zwangsweise zu beugen und so ihren Kopf nach vorne zu bringen. Um auf Gegenstände zeigen zu können, musste ich ihren Arm nach innen drehen und ihn so aus der zurückgezogenen Position anheben. Mit dieser Unterstützung zeigte Anne, bevor sie Lesen und Schreiben erlernte, korrekt auf Objekte, Bilder und einige Bliss-Symbole, die ihr genannt wurden.

Annie verließ die Einrichtung im Alter von 18 Jahren, nachdem sie einen Rechtsanwalt konsultiert und die Klage auf Habeas corpus (Recht auf eigenen Körper) am obersten Gericht des Staates Victoria gewonnen hatte. 1994 schloß Annie ihr Studium ab. Die von ihr favorisierte Kommunikationsstrategie ist immer noch die Kommunikation mit Hilfe von Stützung:

> »*Ich kommuniziere durch Buchstabieren auf einer Alphabettafel, auf der ich eine Geschwindigkeit von 400 Wörtern pro Minute erreichen kann. Ich besitze auch einen Canon Communicator ... den ich mit einem Kopfzeiger bediene; einen Sprachsynthesizer ... und einen Computer ... dessen Benutzung im Vergleich zu meinem gesamten Hightech-Equipment am langsamsten ist ... Ich kann zehn Wörter in einer Stunde schreiben, vorausgesetzt, jemand anders richtet den Computer ein … Diese Geräte ermöglichen es mir, Dinge zu tun, die ich ohne sie nicht tun könnte, aber sie lassen mich diese Dinge nicht schnell genug tun, damit es lohnend ist. Es wäre großartig, wenn Technologie mich normal machen könnte; tatsächlich macht sie mich langsam und weniger effektiv, sie reduziert meine Zeit, die ich normalerweise mit nichtbehinderten Menschen verbringen würde*« (Harrington 1988).

In Annies Fall bewirkte die Stützung nur eine minimale Verbesserung der motorischen Fertigkeiten. Für sie kann Unabhängigkeit nur über bestimmte Hilfsmittel wie Kopfzeiger oder Schalter erreicht werden. Diese Möglichkeiten sind für sie unbefriedigend. Es wird immer Menschen geben, die nur über die Stützung kommunizieren können. Andere müssen zwischen einer eingeschränkten oder langsamen, aber unabhängigen Benutzung einer Kommunikationshilfe und einer schnelleren flüssigeren, aber abhängigen Kommunikation wählen.

Annies Gebrauch der Gestützten Kommunikation löste damals eine beträchtliche Kontroverse aus; sie war natürlich nicht der erste Mensch mit einer solchen Behinderung, der intellektuelle Fähigkeiten zeigte. Therapeuten, die in der Arbeit mit Menschen mit Zerebralparese erfahren sind, waren nicht überrascht, dass solche Menschen ohne Verbalsprache falsch eingeschätzt werden können und ein erhebliches unangetastetes Potential besitzen. Die Anwendung des Trainingsprogramms zur Gestützten Kommunikation bei Menschen, die mit anderen Diagnosen beschrieben werden, ist nach wie vor umstritten. Schon in den Sechzigerjahren wurde die Gestützte Kommunikation vereinzelt bei Menschen mit Autismus angewendet. Rosalind Oppenheim beschrieb in ihrem 1977 erschienen Buch »Effective Teaching Methods for Autistic Children« Grundlagen und ein Programm für gestütztes Schreiben, nach dem Kinder mit Autismus unterrichtet werden sollten. Bis vor einiger Zeit ist dieses Buch nur wenigen Fachleuten bekannt gewesen.

Die Entwicklung eines Trainingsprogramms, das auf der Gestützten Kommunikation basiert, wurde 1986 durch die Eröffnung des DEAL Centre angeregt. DEAL ist das erste Zentrum Australiens, welches sich ausschließlich an den Bedürfnissen der Menschen orientiert, deren schwere kommunikative Beeinträchtigungen nicht durch eine Taubheit verursacht wurden. Zu Beginn wurde erwartet, dass sich die Klientel zum großen Teil aus Menschen mit Zerebralparese oder erlittenen Hirnschädigungen zusammensetzen würde. Tatsächlich waren zwischen 1986 und 1990 nur 213 (32%) der 666 Klienten mit Entwicklungsbehinderungen auch als schwer körperlich behindert eingestuft, jedoch 636 (95%) wurden entweder als geistig behindert und/oder autistisch bezeichnet.

Es liegen nur wenige Statistiken über die Häufigkeit von schweren kommunikativen Beeinträchtigungen vor. Es scheint aber, dass

- ein großer Teil der Menschen, die als schwer oder sehr schwer geistig behindert eingestuft werden, auch in ihren kommunikativen Möglichkeiten eingeschränkt sind und
- die Mehrzahl der Menschen mit schweren kommunikativen Beeinträchtigungen als geistig behindert eingeordnet werden (oft im Zusammenhang mit anderen Diagnosen wie Zerebralparese oder Autismus).

In einer landesweiten Übersicht über die Individuen mit entwicklungsbedingten oder erworbenen Beeinträchtigungen der Kommunikation wurden 71% als geistig behindert bezeichnet (Bloomberg/Johnson 1990).

Von den DEAL-Klienten, die als geistig behindert oder autistisch eingestuft waren, wurde zu zwei Dritteln berichtet, sie hätten Zugang zu Programmen zum Erlernen der Gebärdensprache gehabt, aber nur vier hatten mehr als hundert Zeichen erworben. Von den Personen, die älter als zehn Jahre waren, konnten weniger als 5% einen einfachen Satz nach Diktat und weniger als 50% ihren Namen schreiben.

Als man die Zeigefertigkeiten beurteilte, konnten bei 90% der 452 Individuen, die als geistig behindert eingestuft wurden (aber keine Zerebralparese hatten), neuromotorische Probleme beobachtet werden. Diese schränkten die Fähigkeit, eine präzise Auswahl auf einem Kommunikationsmedium zu treffen, erheblich ein. Die am häufigsten auftretenden Probleme waren Störungen der Auge-Hand-Koordination, Impulsivität, Perseveration, niedriger Muskeltonus und Schwierigkeiten bei der Isolation des Zeigefingers. Es wurde Stützung gegeben, um durch eine zeitweise Verminderung dieser Probleme zu einer realistischen Einschätzung der intellektuellen Fähigkeiten zu gelangen.

Die Ergebnisse dieser Einschätzung waren zunächst überraschend. 70% der 430 Personen, die älter als fünf Jahre waren, zeigten nutzbare Kenntnisse im Bereich Lesen und Schreiben, d.h., sie waren fähig, einen verständlichen Satz ohne Vorlage zu produzieren (z.B. »It woz nise« für »It was nice«). Nach gründlicher Überlegung waren wir gar nicht mehr so überrascht. Im Gegensatz zu Annie lebten die meisten dieser Menschen in Gemeinschaften und hatten die Möglichkeit, Schulen zu besuchen. Sie konnten gehen und hatten so Zugang zu Büchern, Zeitschriften, Fernsehen oder Schrift auf Verpackungen. Ihre uneffektive Verbalsprache und die Störungen der Handfunktionen haben sie an einer Demonstration ihrer Fähigkeiten gehindert. Zu Beginn benötigten diejenigen Klienten mit ungenutzten Buchstabierfähigkeiten (mit Ausnahme von zwei Personen) Stützung, um eine Tastatur erfolgreich zu benutzen.

Ein Ergotherapeut und ein Krankengymnast am DEAL Centre schlugen Maßnahmen vor, die die speziellen Handfunktionen verbessern könnten. Die Verbindung der Gestützten Kommunikation mit der Förderung der motorischen Fertigkeiten wurde Trainingsprogramm zur Gestützten Kommunikation genannt. Nicht alle Nutzer der Stützung haben Fähigkeiten im Lesen und Schreiben. Stützung wird auch angeboten, wenn die Benutzung von Symbol- oder Bildtafeln ermöglicht werden soll oder eine Auswahl zwischen realen Objekten getroffen werden muss.

Die Gestützte Kommunikation ist alles andere als problemlos. Eigentlich ist sie ein Lösungsversuch für Schulkinder oder Erwachsene mit Einschränkungen der Verbalsprache und Störungen der Handfunktionen, deren Kommunikation nicht ausgesetzt werden kann, bis sie eine ergotherapeutische Förderung durchlaufen haben. Die nächstliegenden Einwände ergeben sich aus der Abhängigkeit, die durch die Stützung entstehen könnte, und aus der unbewussten Beeinflussung durch den Stützer. Obwohl das Trainingsprogramm zur Gestützten Kommunikation mittlerweile für eine große Zahl von Menschen hilfreich war, ist es keine ideale Methode; es ist eine Methode, die man anwendet, wenn keine »bessere« zur Verfügung steht.

Das Trainingsprogramm zur Gestützten Kommunikation hat Aufmerksamkeit erregt, weil die Art der Kommunikation, die mit Hilfe von Stützung entsteht, sowohl in ihrem Stil als auch in ihrem Inhalt unerwartet ist. Die mit dieser Methode erreichten Ergebnisse fordern zu einer Neuorientierung auf. Die bisherigen Sichtweisen hinsichtlich der Sprachkompetenz bei bestimmten Gruppen, insbesondere bei der Gruppe der Menschen mit Autismus, müssen neu überdacht werden. Den wichtigsten Beitrag, den dieses Trainingsprogramm auf dem Gebiet der nonverbalen Kommunikation leisten kann, ist eine Neuorientierung bei der Bewertung der Kompetenzen dieser Menschen, die vormals als geistig behindert eingestuft wurden. Die Testmethoden, mit denen diese Menschen bewertet und eingeschätzt wurden, sind zu überdenken. Eine detaillierte neuromotorische Befunderhebung aller Kinder mit erheblicher Sprachverzögerung und eine frühe Förderung durch Logopäden und Krankengymnasten könnte ein Trainingsprogramm zur Gestützten Kommunikation innerhalb einer Generation überflüssig werden lassen. In der näheren Zukunft sollten die Erkenntnisse, die zu diesem Programm geführt haben, weitere Forschung nach sich ziehen. Diese sollte einen Einblick in und ein besseres Verständnis für die neurologischen Zusammenhänge zwischen Sprache und Bewegung ermöglichen.

Kurzfristig sollte das Ziel einer jeden Intervention in die Kommunikation die freie Rede sein. Es sollte diesen Menschen so weit wie möglich die Gelegenheit gegeben werden, in ihren eigenen Worten zu sagen, was sie sagen möchten; ohne Einschränkungen durch Kommunikationspartner, Technologie oder Umwelt.

Anne McDonald verfasste ein unveröffentlichtes Plädoyer für das Recht auf Kommunikation:

> *»Für Menschen ohne Verbalsprache ist Sprechen von der Großzügigkeit anderer abhängig, von deren Bereitschaft, zu interpretieren, zu stützen oder sich Zeit zum Zuhören zu nehmen. Da dies eine absolut notwendige Voraussetzung ist, muss uneingeschränkt das Recht eingeräumt werden, die eigenen Vorstellungen über die Zukunft mitteilen zu können.*

Momentan sind eine einfache Unterhaltung und die Zustimmung zu wichtigen medizinischen Angelegenheiten juristisch gleich zu bewerten. Beides hängt von der zufälligen Verfügbarkeit über Kommunikationspartner ab, die alle notwendigen Fähigkeiten besitzen und sich zur Hilfe bereit erklären. Es gibt keinen Rechtsanspruch auf Anhörung und keinen Rechtsanspruch auf einen Übersetzer. Es ist keine Verpflichtung, zuzuhören. Während soziale Interaktionen immer von der Höflichkeit und Toleranz anderer Menschen abhängen werden, muss es einen Rechtsanspruch auf Kommunikation an Orten wie Gerichten, Krankenhäusern oder Schulen geben. Ohne diese juristisch unantastbaren Rechte werden Menschen, die nicht sprechen können, der Gnade der Menschen ausgeliefert sein, die für sie Entscheidungen treffen und ihnen Kommunikation verbieten können.
Kommunikation fällt in den gleichen Bereich wie Nahrung und Schutz. Sie ist lebenswichtig. Ohne Kommunikation wird das Leben wertlos.«

Das Ziel dieses Buchs ist es, mehr Menschen in die Lage zu versetzen, so frei wie möglich zu kommunizieren.

1 Diagnose für ein Trainingsprogramm zur Gestützten Kommunikation

Das Trainingsprogramm zur Gestützten Kommunikation ist ein Methode, Menschen mit schweren kommunikativen Beeinträchtigungen zu unterrichten. Diese Menschen lernen, Kommunikationshilfen mit ihren Händen zu benutzen. Dieses Trainingsprogramm ist nur eine unter vielen Strategien, mit denen dieser Personengruppe geholfen werden kann.

Schwere kommunikative Beeinträchtigungen

Individuen werden als »schwer kommunikativ beeinträchtigt« beschrieben, wenn ihre Verbalsprache und ihre Handschrift nicht für eine effektive Kommunikation genutzt werden kann. Dieser Begriff wird normalerweise im Zusammenhang mit Menschen verwendet, die zwar hören können, aber über keine oder nur eine schwer verständliche Verbalsprache verfügen. Er könnte aber auch auf Menschen zutreffen, deren Sprache zwar flüssig und klar ist, aber nicht sinnvoll deren Gedanken wiedergibt.*

Unterstützte Kommunikation
(Augmentative und alternative Kommunikation)

Augmentative and alternative Kommunikation ist der Sammelbegriff für nonverbale Kommunikationsstrategien, die bei hörfähigen Menschen angewendet werden.

* Für viele dieser, in ihrer Verbalsprache eingeschränkten Menschen, ist es ebenfalls schwierig mit der Hand zu schreiben.

Augmentative (ergänzende) Kommunikation umfasst alle Strategien, welche die Ausdrucksmöglichkeiten eines Menschen verbessern. Janes Familie versteht ihre Verbalsprache, wenn sie sich aber in einer anderen Umgebung aufhält, ergänzt sie ihre Verbalsprache durch die Benutzung eines Kommunikationsheftes mit verschiedenen Begriffen. Alternative Kommunikation umfasst alle Strategien, die angewendet werden, wenn keine verständliche Verbalsprache benutzt werden kann. Tatsächlich sind die Strategien, die Verbalsprache ergänzen, die gleichen wie die, die sie ersetzten. Der Unterschied zwischen augmentativer und alternativer Kommunikation besteht in der teilweisen oder völligen Abhängigkeit des Benutzers von einer nonverbalen Kommunikationsstrategie. Im deutschsprachigen Raum werden beide unter dem Begriff »Unterstützte Kommunikation« zusammengefasst.

Wer braucht augumentative Kommunikation?

Alle Menschen, deren Sprache nicht klar genug, flüssig genug oder zuverlässig genug ist, um auf diesem Weg eine Nachricht zu übermitteln.

Welche Kommunikationsstrategien können anstelle von Verbalsprache benutzt werden?

Verbalsprache kann ersetzt oder ergänzt werden durch:

- Gesten und Körpersprache,
- Gebärdensprache,
- Handschrift,
- Kommunikationshilfen.

Gesten und Körpersprache werden bis zu einem bestimmten Grad von allen Menschen benutzt. Wenn auch standardisierte Gesten wie Nicken für »Ja« und Schütteln des Kopfes für »Nein« allgemein verstanden werden, ergeben sich entscheidende Einschränkungen bei der Differenzierbarkeit anderer Nachrichten, die ausschließlich über Gesten und Körpersprache übermittelt werden. Eine Person kann möglicherweise auf Fragen oder Umstände reagieren, aber weder eine Unterhaltung beginnen noch aufrechterhalten.

Gebärden können genau so effektiv wie Verbalsprache sein, wenn sich beide Partner gegenüberstehen. Voraussetzung ist aber, dass den Kommunikationsteilnehmern das gleiche ausgedehnte Vokabular an Zeichen zur Verfügung steht; tausende verschiedene Zeichen können wie Wörter verstanden werden. Allerdings haben nur wenige Menschen, die nicht taub sind, sich ein großes Vokabular an Zeichen angeeignet. Aus diesem Grund kann die Möglichkeiten dieser Strategie oft nur in einer Gemeinschaft von Taubstummen genutzt werden.

Handschrift kann immer nur so wirksam angewendet werden, wie es die Fähigkeiten der Lesenden und Schreibenden zulassen. Die Akzente, die durch Betonungen, Zeichen und Gesten gesetzt werden, sind nicht vorhanden. Trotzdem ist die Nutzung der Handschrift der am häufigsten beschrittene Weg, die Einschränkungen der Verbalsprache, die durch akute Krankheiten bei älteren Kindern oder Erwachsenen ausgelöst wurden, zu kompensieren.

Kommunikationshilfen sind Geräte, die für Menschen mit schweren kommunikativen Beeinträchtigungen entwickelt oder angepasst wurden. Da diese Menschen verschiedene Fertigkeiten, Bedürfnisse und Probleme haben, gibt es eine große Variationsbreite an Kommunikationshilfen. Einige dieser Menschen können ihre Hände benutzen. Andere, die dazu nicht in der Lage sind, müssen auf Alternativen wie Mundzeiger, Kopfzeiger, Schalter oder auf andere Hilfen zurückgreifen. Einige Menschen können lesen, für diejenigen, die nicht lesen können, muss Sprache auf solchen Geräten durch Bilder oder Symbole repräsentiert sein. Manche Menschen benutzen Rollstühle, an denen große Kommunikationshilfen angebracht werden können. Für Menschen, die gehen können, muss aber ein leicht zu transportierendes Gerät gefunden werden. Außerdem spielt die finanzielle Situation der einzelnen Menschen bei der Entscheidung für Hightech Geräte eine Rolle. Eine Kommunikationshilfe kann aus einem Stück Pappe bestehen, auf dem zwischen »Ja« und »Nein« ausgewählt werden kann. Es kann aber auch ein Notebook (Personalcomputer im Buchformat) mit entsprechenden Programmen und verschiedenen Schaltern sein, das dem Benutzer Texte zu verfassen oder zu telefonieren ermöglicht.

Welche Strategie der nonverbalen Kommunikation ist angemessen?

Eine angemessene Strategie ist die, die eine Person in die Lage versetzt, so frei wie möglich, in so vielen Situationen wie möglich und mit einer maximalen Anzahl von Partnern zu kommunizieren.

Wie wählt man diese Strategie aus?

Bei der Entscheidung, welche Strategie durchführbar ist, muss zunächst erwogen werden, welche körperlichen Möglichkeiten eine Person mitbringt. Es ist einleuchtend, bei den Handfertigkeiten zu beginnen.

Körpersprache, Gesten, Gebärden und Handschrift haben den Vorteil, dass keine oder nur wenig Ausrüstung benötigt wird. Handschrift erfordert nur einen minimalen Aufwand. Wenn die Kommunikation auf diesen Wegen flüssig und verständlich sein soll, erfordert dies gute motorische Fertigkeiten der Hände. Gebärden und Handschrift stellen sowohl beträchtliche Anforderungen an Bewegungsplanung und -gedächtnis als auch an die Bewegungsmöglichkeiten der Finger und Hände. Unglücklicherweise zeigen viele Menschen mit schweren kommunikativen Beeinträchtigungen Auffälligkeiten, wenn sie ihre Hände effizient benutzen wollen. In diesen Fällen sind Handschrift und Gebärden keine realistischen Möglichkeiten.

Es steht eine große Anzahl von möglichen Kommunikationshilfen für die Menschen zur Verfügung, die ihre Hände überhaupt nicht benutzen. Ironischerweise haben die Menschen, die in einem Rollstuhl sitzen, mehr Optionen für eine Kommunikationshilfe als die Menschen, die gehen können. Große Kommunikationshilfen und Bildschirme können an Rollstühlen befestigt werden. So lassen sich Kopfzeiger und Schalter in Verbindung mit Scanningsystemen* nutzen. Alle diese Möglichkeiten sind für Rollstuhlfahrer durchführbar. Für Menschen, die gehen können, haben sich jedoch diese Möglichkeiten als unpraktisch erwiesen. Sie brauchen kleine, tragbare Hilfen, die sie mit ihren Händen benutzen können. Auf den Anzeigen dieser Hilfen befinden sich Auswahlmöglichkeiten, zwischen denen der Benutzer sich entscheiden kann. Die Kommunikationshilfe kann ein elektronisches Gerät mit gesprochener oder schriftlicher Ausgabe sein oder aber eine Tafel oder ein Heft, von dem ein Partner die Nachrichten abliest, die der Benutzer durch seine Auswahl verfasst. Die Anforderungen an die Feinmotorik, an die Bewegungsplanung und an das Gedächtnis sollten dabei so weit wie möglich reduziert werden.

Eine Bewertung der intellektuellen Fähigkeiten liegt der Entscheidung zugrunde, welche Medien verwendet werden sollen. Dies können Bilder, Symbole (z.B. Bliss-Symbole), geschriebene Wörter und Sätze oder Buchstaben des Alphabetes sein. Welche Kommunikationshilfe mit welchen Vorgaben auch immer erwogen wird, es sind entsprechende motorische Fertigkeiten notwendig.

Schon bei der ersten Diagnose zeigt sich, dass viele Menschen, deren kommunikative Möglichkeiten eingeschränkt

* Anmerkung des Übersetzers: Es handelt sich um eine Auswahltechnik, bei der einer Person nacheinander Wahlmöglichkeiten gegeben werden, auf die sie mit einem verabredeten Zeichen reagiert.

sind, nicht die notwendigen motorischen Fertigkeiten haben, um eine solche Hilfe effektiv zu benutzen. Wenn diese Menschen keine andere Möglichkeit zur Kommunikation haben, d.h. weder Gebärden noch Handschrift noch große Kommunikationshilfen benutzt werden können, bleibt nur der Versuch, ihnen die notwendigen Handfertigkeiten für den Gebrauch einer tragbaren Kommunikationshilfe zu vermitteln. Eine Unterrichtsstrategie, die bei diesen Menschen Anwendung finden könnte, ist das Trainingsprogramm zur Gestützten Kommunikation.

Die Benutzung von Kommunikationshilfen mit Stützung

Das Trainingsprogramm zur Gestützten Kommunikation könnte eine Möglichkeit für Menschen sein, die

- schwere kommunikative Beeinträchtigungen haben,
- augenblicklich keine alternative Kommunikationstrategie haben,
- nicht das Potential zeigen, Gebärdensprache oder Handschriftfähigkeit relativ einfach zu erwerben,* oder
- in einer Umgebung leben, in denen Gebärden und Handschrift keine realistischen Möglichkeiten für eine Kommunikation bieten,
- Schwierigkeiten mit der klaren Auswahl von Bildern, Symbolen oder Buchstaben auf einer Kommunikationshilfe haben,
- nicht in der Lage sind, andere direkte oder indirekte Zugangsmöglichkeiten zu benutzen (oft aus praktischen Gründen, da diese für Individuen, die gehen können und ihre Kommunikationshilfen tragen müssen, nicht angemessen sind).

* Sie haben vielleicht schon Gebärden zu benutzen und zu schreiben versucht und sind gescheitert, oder man stellte in einer anfänglichen Einschätzung fest, dass es unwahrscheinlich ist, dass sie flüssig Gebärden benutzen oder flüssig mit der Hand schreiben können.

Wenn entschieden wurde, dass ein Individuum ein Kandidat für das Trainingsprogramm zur Gestützten Kommunikation ist, ist

- die Ursache des Problems festzustellen, das den erfolgreichen Zugang zu einer Kommunikationshilfe verhindert,
- eine angemessenen Strategie zu wählen, die auch Stützung beinhalten kann, wenn dies notwendig ist,
- festzustellen, welche Repräsentationssysteme (reale Objekte, Bilder, Piktogramme, Wörter, Buchstaben) in ihrer Bedeutung von einem potenziellen Nutzer erfasst werden können,
- dem Benutzer durch das Angebot einer angemessene Kommunikationshilfe mit entsprechenden Medien und Auswahlstrategien eine möglichst weit reichende Kommunikation zu ermöglichen; die Personen, die in der Umgebung des Benutzers leben, sind im Umgang mit diesen Hilfen auszubilden.

Die Kandidaten können dann den Umgang mit der Kommunikationshilfe mit Stützung üben. Dies ist aber nur der Beginn des Trainingsprogramms. Weitere Erhebungen und weiterer Unterricht auf dem Gebiet des Lesens und Schreibens, im Bereich der Motorik und im Bereich der interaktiven Fähigkeiten sind notwendig.

Wenn eine Person schon bei der ersten Diagnose die Fähigkeit zu buchstabieren zeigt, ist genau zu prüfen, wie weit reichend diese Fähigkeiten sind und wie diese später verfeinert werden können. Wenn sich anfänglich keine Fähigkeiten auf diesem Gebiet feststellen lassen, wäre die Durchführung eines Lernprogramms zum Lesen und Schreiben wünschenswert. Buchstabieren ist für die teilnehmenden Personen die effektivste Möglichkeit zur Kommunikation. Unabhängig von früheren Diagnosen sollte deshalb unbedingt der Versuch unternommen werden, diese Fähigkeiten zu fördern. Für Kleinkinder und andere Teilnehmer an diesem Programm, für die ein Erwerb von Lese- und Schreibfähigkeiten problematisch ist, muss eine Ausbildung im Gebrauch eines möglichst großen Vokabulars an Bildern und Symbolen stattfinden.

Für alle Teilnehmer an diesem Programm müssen Aufzeichnungen, die Auskunft über eine eventuelle Entwicklung geben, geführt werden. Das Programm beinhaltet auch die Förderung der Aufmerksamkeit und Konzentration der Benutzer der Kommunikationshilfen. Andere pragmatische Fähigkeiten – wie beispielsweise sich selbst in die richtige Position bringen, damit man verstanden werden kann – sollen ebenso gefördert werden.

Vielseitige Stützer sind auszubilden. Es ist ungemein wichtig, dass die Benutzer von so vielen Menschen wie möglich verstanden werden, um eine Abhängigkeit von einer Person zu vermeiden. Die Art, wie gestützt wird, muss in kurzen, regelmäßigen Abständen überprüft werden mit dem Ziel, die Stützung so schnell wie möglich zu reduzieren.

Bis zu diesem Zeitpunkt habe ich fachspezifische Etiketten oder psychologische und intellektuelle Beurteilungen der Menschen mit eingeschränkten kommunikativen Möglichkeiten vermieden. Diese Menschen können nicht beurteilt werden, bevor nicht deren spezielle kommunikative Bedürfnisse adressiert worden sind. Niemand darf von einem Programm zur Verbesserung der kommunikativen Möglichkeiten ausgeschlossen werden, weil eine vergangene Erhebung der intellektuellen Fähigkeiten negativ ausfiel. Intellektuelle Beurteilung der Menschen, deren Ausdrucksvermögen eingeschränkt ist, ist schwierig und unzuverlässig. Eine Verbesserung der kommunikativen Fähigkeiten ist Voraussetzung für eine korrekte Einschätzung.

2 Gestützte Kommunikation: Wann und wie?

Schüler, deren Verbalsprache nicht adäquat für eine Kommunikation ist, müssen andere Wege gehen. Ebenso benötigen Schüler, deren motorische Fertigkeiten nicht ausreichend sind, um mit normalen Schreibstiften umzugehen, einen Ersatz; im einfachsten Fall eine Tastatur. Einschränkungen der Verbalsprache oder der motorischen Fertigkeiten werden sehr schnell zu schweren pädagogischen Hindernissen, wenn nicht entschlossen Maßnahmen ergriffen werden, um diese zu reduzieren. Abgesehen von den täglichen Auswirkungen auf die Arbeit in einer Schulklasse, machen es diese Einschränkungen extrem schwierig, die aktuellen Möglichkeiten eines Schülers zuverlässig einzuschätzen.

Viele Schüler finden sich in einer nach unten gerichteten Spirale wieder: Aufgrund ihrer verbalsprachlichen und motorischen Probleme werden sie als schwer geistig behindert eingeschätzt und in eine Schule eingestuft, in der ihre Verbalsprach- und Motorikprobleme als Folge ihrer geistigen Behinderung gesehen werden. Es ist unwahrscheinlich, dass sie Ergotherapie erhalten, wahrscheinlicher ist, dass der Sprachtherapie Vorrang eingeräumt wird. Die Folgen aus kontinuierlichem Misserfolg, niedrigen Erwartungen und aus Mangel an entsprechender Therapie führen eher zu einer Stagnation oder Verschlechterung als zu einer Verbesserung der Fähigkeiten, die das Ziel eines jeden Lehrers ist. Das Verhalten des Schülers ist dann oft ebenso unangemessen wie seine intellektuellen Möglichkeiten.

Seit der Eröffnung des DEAL Communication Centre im Jahre 1986 haben wir viele Schüler/innen kennen gelernt, die sich in dieser Situation befanden. Lyn ist eine von ihnen. Als sie zum ersten Mal DEAL besuchte, war sie 14, als autistisch diagnostiziert und mit einem IQ von 50 eingeschätzt. Lyns Möglichkeiten, mit der Hand zu schreiben, waren auf dem Niveau des ersten Schuljahres, ihr Muskeltonus war niedrig, und ihre Bewegungen waren sehr impulsiv. Sie wurde in der Gebärdensprache unterrichtet und erwarb ungefähr 100 Gebärden. Die Benutzung einer Schreibmaschine für einfache Kopieraufgaben gestaltete sich schwierig. Sie wurde im Lesen auf dem Niveau einer Sechsjährigen unterrichtet. Wenn ihr ein gestützter Zugang zu einer Minitastatur ermöglicht wurde, um ihre feinmotorischen Probleme zu kompensieren, wurde offensichtlich, dass ihre Lese- und Schreibfähigkeiten signifikant unterschätzt wurden. Lyn wechselte von der Sonderschule auf eine Regelschule und absolvierte ihren Lehrplan erfolgreich. Sie ist in der Lage, unabhängig zu tippen und ihre Kommunikationshilfe unabhängig zu benutzen. Sie hat aber ohne Stützung Schwierigkeiten, die Geschwindigkeit aufrechtzuerhalten und die Ausdauer aufzubringen, um den Anforderungen gerecht zu werden. Ohne diese anfängliche Stützung hätte sich für Lyn möglicherweise nie ein Zugang zu einer normalen Erziehung eröffnet.

Aufgrund ihrer feinmotorischen Probleme hätten für Lyn weder Gebärden noch Handschrift eine effektive Alternative zur Verbalsprache dargestellt. Kinder, die nicht erfolgreich in der Benutzung von Gebärden oder Handschrift waren (beide stellen hohe Anforderungen an die motorischen Fertigkeiten), sollten im Hinblick auf eine andere, erfolgreichere Strategie zur Kommunikation erneut diagnostiziert werden. Die nahe liegende Alternative ist, die Schüler eine Auswahl durch Zeigen treffen zu lassen, entweder zwischen realen Gegenständen oder zwischen Bildern, Symbolen, Wörtern oder Buchstaben. Diese könnten sich auf Kommunikationsanzeigen, elektronischen Kommunikationshilfen oder einer Schreibmaschine befinden. Mit Hilfe des Zeigefingers der bevorzugten Hand kann am klarsten und effektivsten ausgewählt werden.

Obwohl Zeigen erheblich geringere motorische Anforderungen stellt als Gebärden oder Handschrift, offenbaren sich bei vielen Schülern immer noch Schwierigkeiten, die vermindert werden müssen, bevor eine genaue Zeigebewegung möglich ist. Mangelnde Zeigefertigkeiten werden allgemein zu oft als Folge einer geistigen Behinderung oder mangelnden Interesses gesehen, weshalb die Motorik nicht eingehend untersucht wurde. Wir lernten viele mit Lyn zu vergleichende Schüler kennen, Schüler, deren Kommunikation weiterer Ergänzung bedurfte und die weiteres Training benötigten, damit sich Fertigkeiten ihrer Hände verbesserten. Sie waren aber in einem Alter, in dem es unerlässlich ist, mit dem weiteren Bildungsprogramm fortzufahren, während sie dieses Training absolvieren. Für diese Menschen richteten wir ein Zugangs- und Trainingsprogramm für Kommunikationshilfen ein, das wir Trainingsprogramm zur Gestützten Kommunikation nannten.

Stützen (to facilitate) bedeutet Erleichtern. Innerhalb des Trainingsprogramm zur Gestützten Kommunikation wird die Benutzung einer Kommunikationshilfe für einen Schüler mit schweren kommunikativen Beeinträchtigungen erleichtert. Der Grad der benötigten Stützung variiert von Person zu Person und reicht von einer ermutigenden Berührung der Schulter, die das Selbstvertrauen stärkt, bis zu einer Formung der Hand des Schülers, die es ihm/ihr ermöglicht, den Zeigefiner zu isolieren.

Stützung unterscheidet sich von anderen Methoden, die die Fertigkeiten der Hände verbessern sollen. So legt der Lehrer bei einem gemeinsam aktiven Ansatz seine Hand über die des Schülers und versucht so, ein Bewegungsmuster anzubahnen. Man könnte beispielsweise so den Umgang mit einem Löffel verbessern. Diese Bewegungen werden gemeinsam durch den Lehrer und den Schüler ausgeführt, dabei ist es nicht wichtig, ob die Bewegung des Lehrers stärker ist als die des Schülers (zumindest nicht zu Beginn des Trainings). Im Gegensatz zu dieser Führung wird bei der Gestützten Kommunikation eine Situation geschaffen, in der man dem Schüler die Ausführung seiner eigenen Bewegungen erlaubt. Es ist unabdingbar, dass die getroffenen Auswahlen die des Benutzers der Kommunikationshilfe sind. Die Richtung der Bewegung wird durch den

Gestützten bestimmt, nicht durch den Stützer. Die Bewegung des Hilfenbenutzers sollte stärker sein als die des Stützers, der nur die minimal notwendige Hilfe gibt.

Jeder Schüler, dessen Verbalsprache einer Ergänzung bedarf und dessen Fertigkeiten der Hände es nicht zulassen, dass sein Ausdrucksvermögen seinen rezeptiven Kommunikationsmöglichkeiten entsprechen kann, ist ein Kandidat für das Trainingsprogramm zur Gestützten Kommunikation. Die Beurteilung von Schülern mit eingeschränkten kommunikativen Möglichkeiten ist schwierig, deshalb sollte niemand aufgrund vorheriger negativer Bewertungen von diesem Programm ausgeschlossen werden. Oft ist Training erst die Voraussetzung für eine angemessene Diagnose. Bestehen Zweifel über die Fähigkeiten einer Person, sollte eher Kompetenz als Inkompetenz vermutet werden. Über die Gruppe der Schüler hinaus verfügen auch viele Erwachsene mit entwicklungsbedingten Behinderungen nur über eingeschränkte Kommunikationsmöglichkeiten. Ihre Handfunktionen sollten ebenfalls sorgfältig beurteilt werden. Stützung könnte auch diesen Menschen helfen, mögliche Störungen der Motorik zu überwinden und Kommunikationshilfen erfolgreicher zu benutzen.

Da die Gestützte Kommunikation sowohl Handfertigkeiten als auch das Potential erfordert, diese zu verbesseren, ist sie gewöhnlich für Menschen mit schweren körperlichen Beeinträchtigungen nicht die geeignete Methode. Diesen Menschen werden stattdessen Scanningsysteme* oder Kodierungssysteme angeboten. Die Gestützte Kommuniaktion richtet sich vor allem an Menschen, die mobil sind und deshalb ein leicht zu tragendes Kommunikationssystem benötigen, das sie mit den Händen bedienen können. Heute besteht der Personenkreis der erfolgreichen Benutzer der Gestützten Kommunikation aus Kindern, die als geistig behindert (einschließlich Kinder mit Down-Syndrom) oder autistisch diagnostiziert wurden,

* Anmerkung des Übersetzers: Es handelt sich um Techniken, bei denen sie durch ein vereinbartes Signal aus nacheinander angebotenen Alternativen auswählen.

sowie Kindern mit einer milderen Zerebralparese. Ungeachtet der Diagnosen zeigen alle potenziellen Benutzer eingeschränkte motorische Fertigkeiten, die den Gebrauch von Handschrift oder Gebärdensprache über das absolut Einfachste hinaus ausschließen und eine unabhängige Benutzung von Kommunikationshilfen verhindern.

Probleme, die durch Stützung reduziert werden können

Schlechte Augen-Hand-Koordination

Bei der Gestützten Kommunikation wird häufig beobachtet, dass ein Schüler, ohne hinzusehen, eine Auswahl auf einer Kommunikationshilfe trifft. Es bestehen Schwierigkeiten, eine Bewegung mit den Augen zu verfolgen und zu regulieren.

Es ist wichtig, darauf zu achten, dass der Schüler die Kommunikationshilfe ansieht, bevor er eine Wahl trifft. Ein Schüler, der auf etwas zeigt, ohne hinzusehen, trifft das Ziel eher zufällig. Die vorhanden Auswahlmöglichkeiten müssen durch den Schüler erfasst werden, damit eine sinnvolle Wahl getroffen werden kann. Der Stützer kann die Bewegung des Benutzers so lange zurückhalten, bis dieser richtig hinschaut. Wenn der Schüler den Kopf wegdreht, kann der Stützer den Kopf vorsichtig in die richtige Position drehen und dort halten. Werden diese Maßnahmen regelmäßig durchgeführt, verbessert sich normalerweise die Augen-Hand-Koordination umgehend.

Niedriger Muskeltonus

Arm und Hand des Schülers fühlen sich »schlaff« und »schwer« an. Es ist schwierig, den Arm gegen die Schwerkraft zu heben, und die Muskulatur ermüdet schnell.

Verbesserung kann erreicht werden, indem eine Unterstützung angeboten wird. Diese sollte an die Bedürfnisse des Hilfenbenutzer angepasst werden.

a) Der Stützer hält seine Hand unter den Unterarm des Benutzers der Kommunikationshilfe.
b) Der Stützer hebt den Arm des Benutzers, indem er ihn am Ärmel eines Kleidungsstücks oder an einem Band um das Handgelenk hält.
c) Stützer und Benutzer greifen die beiden Enden eines Stabs, der Stützer hebt den Arm des Benutzers an.
d) Die Kommunikationsgerät wird so aufgestellt, dass der Benutzer den Unterarm auf der Tischkante oder auf einer anderen Auflage ruhen lassen kann. Dies ist die beste Lösung – sie ist aber nur für die Benutzer geeignet, bei denen keine anderen motorischen Schwierigkeiten vorliegen.

Allgemein lässt sich festhalten, dass bei niedrigem Muskeltonus die Position der Kommunikationshilfe so niedrig wie möglich gehalten werden soll. Die Anhebung des Arms wird so auf ein Minimum begrenzt. Solche Schüler benötigen oft weniger Stütze, wenn sie im Stehen tippen. Niedriger Muskeltonus ist nicht heilbar, auch wenn man ihn für kurze Phasen erhöhen kann. Er tritt oft in Verbindung mit einer Muskelschwäche auf: Man kann einen Menschen mit niedrigem Tonus nur schwer dazu bringen, aktiv zu werden oder Sport zu treiben. Trotzdem sollte man versuchen, neben Schreibübungen auch ein Übungsprogramm zur Kräftigung der Arme und Schultern durchzuführen. Solche Pogramme können zur Verbesserung der Unabhängigkeit beitragen.

Hoher Muskeltonus

Der Arm ist verkrampft. Manchmal sind die Bewegungen so kraftvoll, dass sie entweder über das Ziel hinausgehen oder die Kommunikationshilfe weggeschoben wird.

Oft steigert sich der Muskeltonus, je stärker der Schüler versucht, eine Bewegung bewusst auszuführen. Zu Beginn ist der Arm möglicherweise noch locker, mit zunehmender Anstrengung verkrampft er sich immer weiter. Eine Begleiterscheinung ist eine zu schnelle Auswahl (s.S. 48). Hoher Muskeltonus kann zwar nicht aufgefangen, aber die Folgeerscheinungen können durch folgende Maßnahmen gemindert werden:

a) Durch Ausschütteln kann sich der Arm entspannen.
b) Man lässt den Schüler zwischen zwei Zeigebewegungen jeweils in Richtung des eigenen Körpers deuten, sodass der Ellbogen beweglich bleibt.
c) Durch Einlegen von Pausen kann sich die Armmuskulatur entspannen.

Probleme bei der Isolation und Streckung des Zeigefingers

Verschiedene Schüler haben Schwierigkeiten, den Zeigefinger auszustrecken und zu isolieren. Sie zeigen entweder mit allen gestreckten oder mit mehreren Fingern. Eine präzise Auswahl wird so erschwert. Dieses Problem kommt sehr häufig vor.

Wenn der Zeigefinger nicht isoliert werden kann, ist ein präzises Deuten sehr schwierig. Die Nutzung einer Tastatur oder einer Bildtafel mit mehrern Auswahlmöglichkeiten wird erheblich erschwert. Es gibt je nach Schweregrad verschiedene Möglichkeiten der Abhilfe:

a) Der Benutzer der Kommunikationshilfe kann von Zeit zu Zeit verbal erinnert werden, den Finger zu isolieren.
b) Man lässt den Benutzer einen Stab anfassen, während er mit dem Zeigefinger deutet, sodass sich die restlichen Finger um den Stab schließen (manchmal wird allerdings ein Greifreflex ausgelöst, durch den auch der Zeigefinger gebeugt wird; der Sinn dieser Hilfe ist dann verfehlt).
c) Der Stützer umschließt mit seiner Hand die des Schülers und »formt« sie dadurch (normalerweise wird diese Maßnahme nur zu Beginn eines Trainingsprogramms durchgeführt).
d) Die nicht benutzten Finger können in ihrer Bewegungsfreiheit eingeschränkt werden. Ein eng anliegender Socken mit einem Loch für den Zeigefinger ist ein geeignetes Hilfsmit-

tel. Er kann mit einem Band aus Leukoplast am Handgelenk fixiert werden. Wenn sich die Zeigebewegungen nicht innerhalb eines Monats verbessern, sind spezielle krankengymnastische Maßnahmen zu erwägen.

Ein gekrümmter oder schlaffer Zeigefinger kann sich als so schwach erweisen, dass keine Taste auf einer Tastatur gedrückt werden kann. Er muss unter Umständen geschient werden. Man kann aber auch anfangs einen Zeigestab benutzen. In dieser Phase bieten sich Übungen zur Stärkung und Streckung des Zeigefingers an, z.B. im Umgang mit Lehmbällen und Knetmasse. Im Allgemeinen ist es relativ einfach, ein unabhängiges Strecken des Fingers zu erreichen. Der Gebrauch von Schienen verlangsamt diese Entwicklung und sollte nur als allerletzte Möglichkeit in Erwägung gezogen werden. Auch die Handformung sollte nur zu Beginn einer Trainings angewendet werden. Wenn die Streckung des Zeigefingers sich nicht innerhalb eines Monats verbessert, müssen weitere therapeutische Maßnahmen erwogen werden.

Unwillkürliche Wiederholungen (Perseveration)

Eine Bewegung wird unwillkürlich mehrfach wiederholt. Dabei trifft der Benutzer immer die gleichen oder benachbarte Buchstaben auf einer Kommunikationstafel.

Dieses Problem tritt bei Menschen mit schweren kommunikativen Beeinträchtigungen häufig auf, wird aber nur selten diagnostiziert. Dieses Bewegungsmuster kann durchbrochen werden, indem man den Benutzer auffordert, nach jeder getroffenen Auswahl einen neutralen Punkt zwischen dem eigenen Körper und der Kommunikationshilfe zu berühren, z.B. einen Aufkleber in der Nähe der Tischkante. Nach und nach wird das neue Bewegungsmuster automatisiert, und die Schüler ziehen ihre Hand selbstständig zurück.

Die unwillkürlichen Wiederholungen beeinflussen nicht nur den Gebrauch von Kommunikationshilfen, sie verursachten auch Schwierigkeiten bei Beurteilungen. Man unterzieht nichtsprechende Menschen Tests, in denen sie mit ihren Händen zeigen müssen. Für jemanden, der zur Perseveration neigt, der also unwillkürlich immer auf das Gleiche deutet, führt dies nicht zu einer fairen Einschätzung seiner Fähigkeiten.

Der Gebrauch von beiden Händen für eine Aufgabe, bei der nur eine Hand erforderlich ist

Der Schüler zeigt mit beiden Händen auf verschiedene Bilder oder Buchstaben. Es ist schwierig, festzustellen, welche Auswahl beabsichtigt war.

Man sollte herauszufinden versuchen, ob eine Hand dominiert. Mit der bevorzugten Hand sollten dann alle Tätigkeiten ausgeführt werden, die nur den Gebrauch einer Hand erfordern. Es könnte notwendig sein, die nicht benutzte Hand für einige Zeit festzuhalten oder die Hand auf eine andere Art zu fixieren. Man könnte beispielsweise den Benutzer bitten, sich auf eine Hand zu setzen oder sie in die Hosentasche zu stecken.

Tremor

Ein Tremor kann in verschiedenen Formen auftreten. Er kann dauerhaft sein oder nur dann auftreten, wenn die Person versucht, eine Bewegung auszuführen (Intentionstremor).

Nur sehr schwer kann Einfluss auf dieses Zittern genommen werden. Eine zusätzliches Stütze des Unterarmes oder des Handgelenks durch den Stützer kann ebenso wie das Umfassen eines Stabs kurzfristig stabilisierend wirken. Ein langfristiges Behandlungsprogramm kann z.B darin bestehen, dass der Betroffene Gewichtsmanschetten um die Handgelenke trägt, während er seine Hände benützt oder bei anderen Übungen, die Ergotherapeuten oder Krankengymnasten vorschlagen. Ein Tremor kann auf jeden Fall in seiner Ausprägung reduziert werden, wenn der Benutzer die Bewegung gegen

Widerstand ausführen muss. Der Stützer gibt dazu dem Benutzer während der Zeigebewegung am Handgelenk starken Gegendruck.

Radiale/ulnare Muskelinstabilität

Manchmal verdreht sich der Zeigefinger während der Zeigebewegung zu einer Seite und verfehlt dadurch das Ziel. Er wird oft so gedreht, dass er von den anderen Fingern verdeckt wird. Wenn dann noch das Handgelenk nach unten abgeknickt wird, kann der Benutzer die Spitze seines Zeigefingers nicht mehr sehen. Kurzfristig muss man dafür sorgen, dass der Zeigefinger im Blickfeld bleibt, indem

a) der Benutzer sich vorstellt, er würde mit dem Zeigefinger schießen,
b) der Benutzer das Ende eines Stabs anfasst (s.S. 43), den der Stützer so hält, dass die Hand weder nach unten abknicken noch sich seitlich verdrehen und so das Ziel verfehlen kann,
c) der Stützer mit der eigenen Hand die Position von Hand und Handgelenk des Benutzers korrigiert.

Langfristig kann ein Übungsprogramm notwendig sein, um die Arm- und Handmuskulatur zu stärken.

Probleme beim Initiieren von Bewegungen

Der Schüler greift nicht spontan nach der Kommunikationshilfe.
Für bestimmte Menschen ist es schwierig, eine Bewegung zu initiieren. Ein Klaps auf die Schulter kann hilfreich sein, damit jemand von einem Stuhl aufsteht. Ein Schüler schrieb dazu: »Ich weiss, was ich machen soll, aber ich kann es nicht geschehen lassen.« Ein Anstoß, z.B. eine verbale Aufforderung, kann in manchen Fällen schon ausreichend sein, damit Kommunikation beginnen kann, obgleich in einem früheren Stadium oft auch ein physischer Anstoß notwendig war. Es ist

wichtig, dass die Kommunikationshilfe immer griffbereit ist. Jede spontane Bewegung in Richtung des Kommunikationsgeräts sollte positiv verstärkt werden.

Impulsivität

Verschiedene Schüler bewegen sich zu schnell, um eine überlegte Antwort produzieren zu können. Sie zeigen schon auf eine Antwort, bevor die Frage vollständig gestellt worden ist, oder sie deuten schnell aber ungenau auf verschiedene Dinge.

In vielen Fällen kommt dieses Problem in Verbindung mit einer schlechten Augen-Hand-Koordination vor. Die Bewegungen des Schülers sollen grundsätzlich verlangsamt werden. Eine Auswahl darf nicht ohne Hinschauen getroffen werden. Darüber hinaus kann der Arm des Schülers zurückgezogen werden, sodass er konstant gegen den Widerstand drücken muss, um die Anzeige der Kommunikationshilfe zu erreichen. (Diese Maßnahme empfiehlt sich für alle gestützten Schüler mit Ausnahme derer, die einen niedrigen Muskeltonus haben. Der Widerstand hat einen stabilisierenden Effekt und vermindert die Gefahr einer unabsichtlichen Beeinflussung durch den Stützer). Die Hand des Benutzers ist nach jeder getroffenen Auswahl zurückzuziehen.

Proximale Instabilität

Die Schulter- und Rumpfhaltung kann instabil sein. Die Zeigebewegung wird mehr aus dem Oberarm und weniger aus dem Unterarm ausgeführt, sodass sie schlechter zu kontrollieren ist.

Damit präzise Zeigebewegungen möglich sind, muss die Schulter stabilisiert sein. Es bietet sich dazu eine Vielzahl von Übungen an, die die Muskulatur der Schulter stärken. Kurzfristig kann ein fester Druck auf die Schulter oder den Oberarm helfen. Darüber hinaus ist eine gute angepasste Sitzposition wichtig, die eine stabile und aufrechte Haltung fördert.

Probleme bei der kinaesthetischen Wahrnehmung

Einige Benutzer von Kommunikationshilfen haben Schwierigkeiten, einzuschätzen, wo sich ihr Körper im Raum befindet. Diese Schüler bewegen sich ungeschickt, sie greifen entweder über das Ziel hinaus, oder sie setzten die Bewegung zu tief an.

Die Eigenwahrnehmung ist der Sinn, der uns sagt, wo im Raum sich unsere Körperteile befinden. Um eine genaue Bewegung ausführen zu können, müssen wir spüren, aus welcher Postion heraus wir die Bewegung beginnen. Während der Durchführung brauchen wir immer wieder eine Rückmeldung über unsere augenblickliche Position.

Es ist schwierig, reduzierte kinästhetische Rückkoppelung zuverlässig zu diagnostizieren; besonders bei einer Person mit eingeschränkten kommunikativen Möglichkeiten. Scheinbar zielose Bewegungen, z.B. das Schaukeln des Oberkörpers, die die kinästetische Rückkopplung verstärken, können ein Anzeichen dafür sein. Oft folgt die Diagnose der Behandlung – Klienten ohne jedes andere offensichtlich erkennbare Problem im Bewegungsbereich verbessern die Zeigefähigkeit, wenn sie Gewichtsmanchetten tragen. Mangels einer anderen einleuchtenden Erklärung wird angenommen, dass die Gewichte eine bessere Rückmeldung über die Position des Arms und der Hand geben. Alle Maßnahmen, die dazu beitragen, die Position von Arm und Schulter bewusst zu machen, sind sinnvoll, so beispielsweise Gewichte, Druck oder Massage.

Mangel an Selbstvertrauen

Auch wenn dies kein körperliches Problem im eigentlichen Sinne ist, kann Nervosität die körperliche Leistung beeinflussen. Das häufigste Symptom ist die Weigerung, eine Antwort zu geben. Dies ist oft mit einem niedrigen Muskeltonus und eingeschränktem Augenkontakt verbunden.

Durch Ermutigung und Erfolgserlebnisse kann diesem Problem am effektivsten abgeholfen werden.

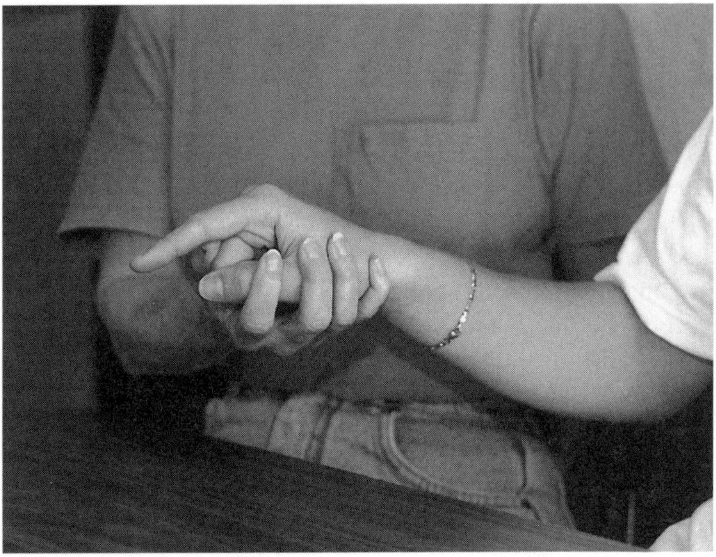

Abb. 1: Korrekte Stützung. Der Stützer formt die Hand, berührt den Zeigefinger aber nicht.

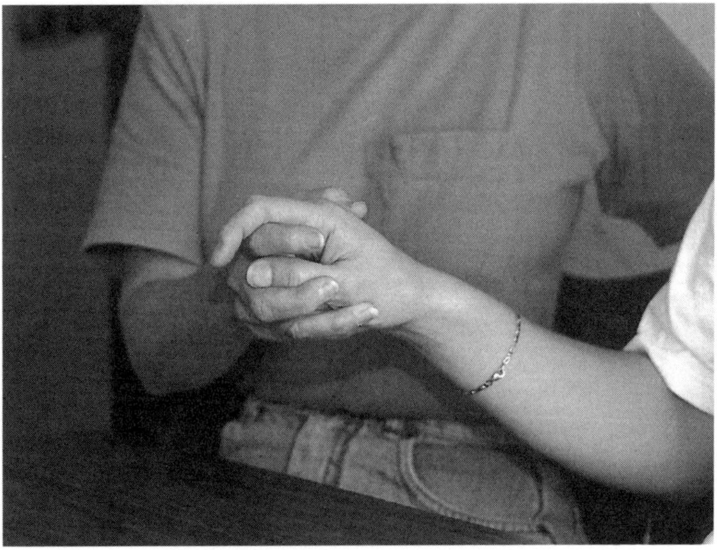

Abb. 2: Unkorrekte Stützung. Der Zeigefinger des Benutzers biegt sich um die Finger des Stützers.

Das Ziel der Unabhängigkeit

Der erforderliche Zeitraum, in dem eine unabhängige Benutzung einer Kommunikationshilfe erreicht werden kann, wird von verschiedenen Variablen beeinflusst. Hier sind die Schwere der Probleme des Schülers zu Beginn der Arbeit und seine Motivation von Bedeutung. Wichtig ist aber auch, dass versierte, sympathische Kommunikationspartner zur Verfügung stehen. Wenn eine physische Fertigkeit erlernt werden soll, ist regelmäßige Übung unerlässlich. (Es ist möglicherweise kein Zufall, dass sich die Schüler zügiger in Richtung Unabhängigkeit bewegten, die in eine Regelschule wechselten, in der ihnen Integrationshilfen zur Verfügung standen. Diese Integrationshilfen fungierten als Stützer, sodass die Benutzer der Kommunikationshilfen die Quantitat der Arbeit ihrer Mitschüler erreichen konnten.)

Sobald ein Schüler ein Problem zu überwinden beginnt, soll die Hilfe reduziert werden, die dieses Problem korrigieren sollte. Dies soll an einem Beispiel verdeutlicht werden: Ein Kind mit niedrigem Muskeltonus beginnt mit Stüzung unter dem Handgelenk zu kommunizieren. Mit steigender Übung stärkt sich die Muskulatur, und der Stützer nimmt die Stützung bis zum Unterarm zurück. Der folgende Schritt wäre nun, den Ellbogen oder den Ärmel des Schülers zu halten. Wie auch die individuelle Variation ist, das Ziel soll immer die stufenweise Zurücknahme sein, sodass der Schüler weiterhin in der Lage ist, erfolgreich, ohne einen Verlust des Selbstvertauens, zu kommunizieren.

Schüler empfinden es oft als notwendig, weiter gestützt zu werden, auch wenn Stützung eigentlich nicht mehr nötig ist, um physische Probleme zu reduzieren. Es ist wichtig, dass dieses Bedürfnis nach emotionaler Unterstützung akzeptiert wird. Wenn sie nicht gewährt wird, ist es möglich, dass der Schüler sich zurückzieht und nicht mehr kommuniziert; die erreichten Ziele sind dann verloren. Eine Hand auf der Schulter reicht normalerweise aus, bis auch diese Hilfe schrittweise zurückgenommen wird und der Schüler ohne jedcn körperlichen Kontakt zu seinem Stützer auswählt. Natürlich ist verbale Aufmunterung über den gesamten Zeitraum der Trainingsperiode wichtig, sie ist unter Umständen auch dann noch erforderlich, wenn körperlicher Kontakt nicht mehr notwendig ist.

Der Bedarf an Stützung kann bei einem Benutzer der Gestützten Kommunikation situationsabhängig variieren. Wenn jemand müde ist oder sich unwohl fühlt, kann er einen Teil seiner motorischen Kontrolle verlieren; in diesen Momenten benötigt er mehr Hilfe als gewöhnlich. Ebenso wirkt sich Nervosität auf den Schüler aus. Jemand, der ohne körperlichen Kontakt kommuniziert, wenn die Unterhaltung in einer kleinen Gruppe stattfindet, könnte eine Schulterberührung benötigen, wenn er sich in der Öffentlichkeit äußern muß. Oft scheint es, dass sich ein Schüler in seinen Fähigkeiten zurückentwickelt, wenn er mit einem neuen Partner mit einem Grad an Stützung zu kommunizieren beginnt, der mit einem anderen Partner schon vor Monaten durchlaufen worden ist. Wenn die Interaktion im Aufbau ist, muss dieses Phänomen toleriert werden. Die Stützung kann umgehend reduziert werden, sobald das Selbstvertrauen gestärkt worden ist. Einige Benutzer von Kommunikationshilfen, die unabhängig, aber langsam tippen können, bemerken, dass sie mit Körperkontakt schneller schreiben.

Die Reduzierung der Stützung wird detailliert in Kapitel 7 diskutiert.

Lesen und Schreiben

Stützung ist nicht unmittelbar mit der Fähigkeit, lesen und schreiben zu können, verbunden. Sie ist ein Mittel, die (manuellen) Auswahlfertigkeiten zu trainieren. Diese Fertigkeiten können in jeder Situation benutzt werden, in der eine Auswahl getroffen werden muss – bei der Auswahl einer Praline aus einer Schachtel, um einen Gegenstand oder ein Symbol aus einem Menü (am Computer) auszuwählen, um auf Körperteile einer Puppe zu zeigen, während des Einkaufens im Supermarkt etc. Alle diese Aktivitäten erfordern dieselben Fertigkeiten im Bereich der Augen-Hand-Koordination. Allerdings benutzen viele Menschen, die mit Hilfe von Stützung kommunizieren, Tastaturen und dies ist das aufregende und unerwartete Ergebnis dieses Programms.

Viele Schüler, die zum DEAL-Zentrum kamen, hatten beträchtlichen Umgang mit der Schrift, wenn nicht sogar formalen Unterricht im Lesen und Schreiben. Wie im Fall von Lyn verhinderten expressive Einschränkungen die Anerkennung von Fertigkeiten im Bereich Lesen und Schreiben. Der sechszehnjährige Joe benutzte eine Schreibmaschine mit Sützung. Seine Mutter äußerte sich dazu: »Nun weiß ich, warum er jeden Abend die Zeitung seines Vaters nahm!« Einige Lehrer und Eltern berichteten, viele Schüler würden ein Interesse an geschriebenem Material zeigen, wie beispielsweise Notizen, Bücher, Zeitschriften, TV-Werbung etc. Dieses Verhalten fanden sie unerklärlich, bis die Schüler über die Gestützte Kommunikation eine Ausdrucksmöglichkeit erhielten, mit der sie zeigen konnten, dass sie über Lese- und Schreibfähigkeiten verfügen. Deshalb ist es wichtig, dass Schüler einer unvoreingenommenen Beurteilung unterzogen werden. Sie sind nicht auf der Basis von vorherigen Leistungen oder Etiketten zu bewerten. Die Fähigkeit zu lesen und zu schreiben wird detailliert in Kapitel 4 behandelt.

3 Den Erfolg planen

Förderung der kommunikativen Fähigkeiten durch Buchstabieren

Damit eine Kommunikation erfolgreich sein kann, müssen drei notwendige Voraussetzungen gegeben sein.

Erstens, der Verfasser einer Nachricht muss die notwendigen Fertigkeiten besitzen. Wenn beispielsweise eine Kommunikation über Sprache stattfinden soll, muss der Sprecher die Aufmerksamkeit des Zuhörers auf sich ziehen können. Er muss klar und laut genug sprechen können, um gehört zu werden, und seine Wortwahl muss der Nachricht angemessen sein.

Zweitens, der Empfänger muss die entsprechenden Fertigkeiten besitzen. Wenn die Kommunikation gesprochen ist, muss der Zuhörer aufmerksam sein können, in der Lage sein zu hören (oder Lippen zu lesen) und die Sprache des Sprechers verstehen.

Drittens, die gesamte Interaktion muss die Übermittlung der Nachricht erleichtern. In gesprochener Kommunikation ist eine Anpassung an die Umwelt notwendig; man steht näher zu seinem Partner und spricht lauter, wenn viele Geräusche im Hintergrund zu hören sind. Der Klang der Stimme und die Wortwahl müssen der Situation und dem Inhalt der Nachricht angemessen sein.

Diese drei notwendigen Voraussetzungen treffen für die nonverbale Kommunikation in gleicher Weise wie für die gesprochene Kommunikation zu; der Aufbau einer nonverbalen Kommunikation bringt aber noch weitere Probleme mit sich. Wir lernten die Sende-, Empfangs- und Interaktionsfertigkeiten für eine soziale Konversation schon in jungen Jahren. Dies brachte Vorteile mit sich: Wir standen nicht unter Druck (niemand machte sich Sorgen, wenn wir einen »Fehler« machten), und wir hielten uns ständig in einer Lernumgebung auf. Alle Menschen, mit denen wir in Kontakt kamen, hatten diese Fähigkeiten und versorgten uns automatisch mit angemessenen Modellen und Verstärkungen.

Eine Person, die mit der Nutzung einer nonverbalen Kommunikationsstrategie als älteres Kind oder Erwachsener beginnt, ist in einer ganz anderen Situation. Wir tendieren dazu, Menschen mit deren (und unserem) zunehmenden Alter stärker zu bewerten. Menschen, die gerade beginnen kritisch auf diesem Gebiet zu lernen, sind sich dessen bewusst und entwickeln Versagensängste. Darüber hinaus befinden sie sich nicht ständig in einer Lernumgebung; das Gegenteil ist meistens der Fall. Ihre Mitmenschen sind möglicherweise mit dem speziellen Gebiet der nonverbalen Kommunikation nicht vertraut und erlernen wahrscheinlich den Umgang mit einer Kommunikationshilfe oder einem System zur gleichen Zeit wie die Benutzer selbst. Folglich benötigen die Empfänger ebenso viel Training wie die Benutzer. Wir werden immer wieder gefragt, weshalb jemand außerhalb einer Therapiesitzung nicht so gut kommuniziert wie am DEAL-Zentrum. Allgemein bezieht sich die Antwort auf die Voraussetzungen zwei und drei, die Fertigkeiten des Empfängers und die benutzten Interaktionsstrategien. Zusätzlich fehlt es unter Umständen an Selbstvertrauen, die neu erworbenen Fertigkeiten außerhalb einer geschützten Therapiesituation anzuwenden.

Der einzige Weg, der es Benutzern von Kommunikationshilfen ermöglicht, genau das auszudrücken, was sie sagen möchten, und dabei die Wörter zu gebrauchen, die sie gebrauchen möchten, ist Buchstabieren. Oft wird Buchstabieren zusammen mit einem anderen Kommunikationsmodus verwendet, wie beispielsweise Symbolen oder Zeichen, um die Geschwindigkeit zu steigern. Buchstabieren ist aber für eine wirkliche Freiheit des Ausdrucks unentbehrlich.

Wenn jemand gerade beginnt das Buchstabieren für die Kommunikation zu verwenden, kann eine Hierarchie von Aktivitäten durchgeführt werden, um Zugangsmöglichkeiten und Schriftfertigkeiten (und das Selbstvertrauen) zu entwickeln, die jemand für eine freie Kommunikation benötigt. In dieser für alle Beteiligten neuen Situation entwickeln die Kommunikationspartner durch diese Aktivitäten gleichzeitig die Fertigkeiten, die für den Empfang und die Interaktion notwendig sind (s. Übersicht S. 57).

Diese Leiter soll von unten nach oben »erklommen« und gelesen werden, mit berechenbaren, stark strukturierten Aktivitäten am unteren Ende. Wir haben die Erfahrung gemacht, dass Personen, die Tastaturen oder Buchstabentafeln zu benutzen beginnen, und neue Stützer einfacher eine erfolgreiche Interaktion aufbauen können, wenn die Situation sehr stark strukturiert ist und nur wenige Antworten möglich sind. Dies sollte unabhängig von intellektuellen Fähigkeiten und Alter der beteiligten Personen geschehen.

Es muss betont werden, dass dies keine absolut feststehende Struktur ist, die Stufe für Stufe erklommen werden muss. Manche Kommunikationspaare beschäftigen sich mit einer Vielzahl von Aktivitäten in einer Sitzung, und sie befassen sich mit manchen Aktivitäten nie. Es ist auch möglich, dass mit einem Partner relativ strukturierte Aktivitäten angegangen werden, während mit einem anderen schon frei kommuniziert werden kann. Die einzige Regel ist: Wenn der Versuch einer Interaktion auf einer bestimmten Stufe scheitert, muss auf einer oder zwei Stufen niedrigeren Ebene wieder begonnen werden.

Wenn sich ein Erfolg unmittelbar einstellt, sollten die Benutzer der Kommunikationshilfen ermuntert werden, ihre Aktivitäten auszudehnen, ungeachtet der Art der körperlichen Stützung, die sie empfangen (wenn überhaupt). Einige Benutzer kommunizieren frei und flüssig, während sie weiterhin Stützung am Handgelenk empfangen. Andere benötigen keine körperliche Stützung, müssen aber ihr Selbstvertrauen und ihre Fähigkeiten weiter durch Schreibübungen ausbauen. Es macht dabei keinen Unterschied, ob die Kommunikationshilfe ein Computer oder eine Alphabettafel ist, die notwendigen Fähigkeiten sind gleich.

Übersicht: Ersteigen der Leiter Übungen, die zu einer freieren Kommunikation hinführen sollen	
↑	*Selbst initialisierte Konversation* – wenn ein Benutzer kommunizieren möchte, nimmt er sich selbst seine Hilfe oder verlangt nach ihr.
↑	*Spontane Konversation* – der Benutzer wählt selbst das Themengebiet aus.
↑	*Weiter reichende Konversationen* – es könnte hier notwendig sein, den Benutzer aufzufordern, vielfältige Satzstrukturen zu benutzen (z.B.: »Jetzt stellst du mir eine Frage!«).
↑	*Beantworten von offenen Fragen* – »Was habt ihr am Wochenende gemacht?« oder »Hat dir der Film gefallen?«
↑	*Tippen von Sätzen, die in einem inhaltlichen Zusammenhang stehen* - Schrift unter Bildern, Sprechblasen in Comics.
↑	*Übungen mit einer begrenzten Anzahl von Antworten* – Reime oder Fragen, auf die es eindeutige Antworten gibt: »Was ist das Gegenteil von groß?«
↑	*Vervollständigen von allgemeinen Sätzen oder Sprichwörtern* – »Zu viele Köche verderben den ...«
↑	*Einfügungsaufgaben* – Wörter sollen in einen gegebenen Satz eingefügt werden.
↑	*Übungen, bei denen der Empfänger die Antwort kennt* – Kreuzworträtsel, allgemeine Fragen, Namen von Freunden oder Familienangehörigen.
↑	*Schreiben (Tippen) von gegebenen Wörtern* – »Buchstabiere Pferd!« oder Benennen von Gegenständen im Haushalt oder auf Bildern.
↑	*Abschreiben von Wörtern.*
↑	*Einsetzen von fehlenden Buchstaben in Wörter.*
↑	*Spiele, bei denen passende Wörter gefunden werden müssen* – Bingo, Lotto.
↑	*Ja/nein, richtig/falsch und Multiplechoice* – »Miauen Katzen?«; der Benutzer soll durch das Tippen des ersten Buchstabens eine Auswahl treffen, z.B. »T« für Tee oder »K« für Kaffee.

Wird der Grad der körperlichen Stützung reduziert, ist es sinnvoll, auf stärker strukturierte Aktivitäten zurückzugreifen, sodass der Benutzer weiterhin erfolgreich arbeitet. Ein allgemeine Regel ist, den durch neue Mitarbeiter, Zuschauer, reduzierte Stützung oder Krankheit erzeugten Druck auf den Benutzer zu reduzieren, indem das Niveau der Aufgabe gesenkt wird und so der Erfolg aufrechterhalten werden kann. Da die Einschränkungen in der Kommunikation vieler Menschen durch ein mangelndes Selbstvertrauen verschlimmert werden, ist es Ziel, dem Benutzer einer Kommunikationshilfe Erfolg zu ermöglichen und ihm ein vermeidbares Scheitern zu ersparen.

Es ist wichtig, dass der Inhalt der Aktivität dem Alter und den Interessen angepaßt wird: Ein Kind könnte ein Kreuzworträtsel über Spielzeug, ein jüngerer Mann eines über Autos oder Popstars interessant finden. Der Grad der Strukturierung und der Inhalt der Aktivität können unabhängig voneinander variiert werden.

Es soll nochmals daran erinnert werden, dass die Liste der Aktivitäten sich an der Schriftkompetenz orientiert. Andere Kommunikatonsfertigkeiten, die wir an uns selbst und an unseren Schülern laufend beobachten müssen, sind nicht berücksichtigt.

4 Lesen und Schreiben

Eine Fähigkeit, die nur durch Unterricht erlernt werden kann?

Lesen ist von Mythen umgeben:

- *Lesen ist eine Fähigkeit, die nur durch formalen Unterricht erworben werden kann.*
- *Es ist notwendig, sprechen zu können, bevor man lesen kann.*
- *Lesen erfordert eine höhere Intelligenz als das Verstehen von Sprache.*
- *Jemand, der nicht schreiben kann, kann nicht lesen.*

Sprechen und Lesen

Niemand unterrichtet einen Säugling im Sprechen. Ein Baby lernt durch den Kontakt zur Sprache in der Umwelt. In der Gegenwart des Säuglings produzieren andere Menschen Laute, deren Bedeutungen dann erstaunlich schnell erfasst werden. Zur gleichen Zeit, zu der ein Kind zu verstehen beginnt, fängt es auch an, die Laute zu imitieren. In dieser Weise wird jedes neurologisch gesunde Baby die Sprache lernen, in die es »eingetaucht« worden ist.

Diejenigen von uns, die schon als Baby begonnen haben, sprechen zu lernen, können sich nicht mehr an diesen Prozess erinnern. Sprechen und Verstehen sind Fähigkeiten, deren Ausbildung schon im Säuglingsalter beginnt. Sie können zu einem gewissen Grad schon im Alter von einem Jahr erlernt werden. Es lässt sich nur erahnen, wie komplex dieser Vorgang ist. Man denke an die vielen verschiedenen Stimmen, Lautstärken, Betonungen und Akzente, mit denen ein Kind umgehen muss, ganz abgesehen von der Bandbreite der Äußerungen und Vokabeln. Es muss verstehen, dass wir über das gleiche Tier sprechen, wenn wir Begriffe wie Katze, Kätzchen, Mimmi usw. verwenden. Ein Säugling kann nicht nachfragen. Die Prozeße müssen schnell ablaufen, denn mündliche Sprache ist vergänglich. Im gleichen Moment, in dem Wörter ausgesprochen werden, verschwinden sie auch wieder.

Es existieren keine wirklichen Erkenntnisse darüber, wie viel Sprache ein Säugling hören muss, damit er beginnen kann, Sprache zu dekodieren, aber unsere Sprachdekoder sind offensichtlich sehr effizient. Die meisten Säuglinge verstehen zum Ende des ersten Lebensjahres eine Vielzahl von Wörtern, obwohl sie die meiste Zeit dieses Jahres damit verbracht haben zu schlafen. Selbst in Phasen, in denen sie wach waren, ist es unwahrscheinlich, dass permanent zu ihnen gesprochen worden ist.

Die eigentlichen Unterschiede zwischen mündlicher und schriftlicher Sprache liegen in der Art der Übermittlung und Aufnahme. Mündliche Sprache wird gehört und schriftliche visuell aufgenommen, mündliche Sprache wird mit dem Mund produziert und Schrift mit der Hand. Es besteht kein neurologischer Grund, weshalb Schriftkenntnisse schwerer zu erlernen sind als der Umgang mit gehörter Sprache.

Vor hundertfünfzig Jahren war geschriebene Sprache eine »Fremdsprache«, die nach der Verbalsprache bewusst erlernt wurde. Da Leseunterricht nach dem Erwerb der Verbalsprache begann, wurde angenommen, daß das eine für das andere eine notwendige Voraussetzung ist; also ein Kind nicht lesen lernen kann, bevor es sprechen lernt. Diese Sichtweise wurde trotz einer großen Anzahl von tauben Menschen aufrechterhalten, die dem Beispiel des Abbé de l'Epée * folgten und trotz mangelnder Verbalsprache lesen gelernt hatten. Es ist einleuchtend, dass Kinder, die nicht sprechen, nicht laut lesen können. Das bedeutet aber nicht, dass sie geschriebenes Mate-

* Eine umfassende Beschreibung der Entwicklung der Gehörlosenpädagogik findet sich in Sacks (1990).

rial nicht dekodieren und verstehen, sie lesen stumm, wie es die meisten von uns die meiste Zeit tun.*

Laut zu lesen ist die Übersetzung von schriftlicher Sprache in einen Modus der Sprache, den wir hören können – es hat nichts zu tun mit dem Verstehen von geschriebener Sprache, es hängt aber von den Kenntnissen der Beziehungen zwischen geschriebenen und gesprochenen Formen der Sprache ab. Seit dem Beginn der Entwicklung der ersten Sprachsynthesizer in den Siebzigerjahren wurde dieser Sachverhalt offensichtlich. Diese Geräte transformieren geschriebenen Text in verbale Sprache, indem sie durch Computerprogramme Laute mit bestimmten Buchstabenkombinationen verbinden. Deren Genauigkeit, zumindest beim lauten Lesen der englischen Sprache, hängt nicht nur von der Qualität dieser Programme ab, sondern auch von der Anzahl der dort aufgenommenen Ausnahmeregeln. Geschriebenes Englisch ist nur teilweise eine phonetische Repräsentation des gesprochenen Englisch; damit ein Sprachsynthesizer geschriebenes Englisch laut in korrekter Weise lesen kann, muss er Zugang zu einer langen Liste von Wörtern haben, deren Aussprache keiner bestimmten Regel folgt, wie beispielsweise »trough, through, tough, thought oder trough«. Ebendieses Erlernen der Ausnahmen macht Lesen für Kinder zu einer schwierigen Aufgabe, die sie von einer eigentlich wichtigeren Aufgabe ablenken könnte: den Sinn aus geschriebener Sprache herauszuziehen. Ein Sprachsynthesizer demonstriert, dass korrektes lautes Lesen ohne Sinnverständnis erreicht werden kann.

* Dies wurde nicht immer so gesehen. Es wurde berichtet, dass St. Augustin der erste Europäer war, der lesen konnte, ohne die Lippen zu bewegen. In Europa wurden die schriftlichen Sprachen als Möglichkeit der Aufzeichnung der mündlichen Sprache entwickelt. Sie wurden auch als Repräsentation von mündlicher Sprache gelehrt, die in ihren Formen je nach Aussprache oder Gewohnheit des Schreibers variierten. Anstatt visuelle Sprache unvermittelt zu dekodieren, übersetzten sie die meisten Leser zunächst in mündliche Sprache, die dann dekodiert wurde. Ein direktes Kodieren von schriftlicher Sprache wurde durch die Entwicklung der Drucktechnik und die danach folgenden ersten Wörterbücher gefördert, die die Schreibweise unabhängig von Veränderungen der mündlichen Sprache festlegten.

Schriftliche Sprache hat einen Vorteil gegenüber mündlicher Sprache. Sie ist beständig. Selbst auf einem Fernsehschirm bleiben die allgegenwärtigen Markennamen zwischen 10 und 20 Sekunden präsent. Wenn dies als ein kurzer Zeitraum erscheint, vergleiche man diesen mit der halben Sekunde, die man benötigt um »Coca-Cola« zu sagen. Schrift kann man immer wieder ansehen, auf einem Bildschirm, auf Papier oder auf einer Dose. Es ist mehr Zeit zum Dekodieren der Sprache vorhanden, ein Vorteil für die Menschen, die mehr Zeit zur Verarbeitung benötigen als der allgemeine Durchschnitt.

Vor vierzig Jahren, als Fernsehen, Werbeschriften und Supermärkte noch nicht zum Standard gehörten, lernten einige Kinder schon lesen, bevor sie die Schule besuchten. Sie kamen möglicherweise aus Haushalten, in denen Schrift geschätzt wurde, Bücher und Zeitungen vorhanden waren und den Kindern vorgelesen wurde. Heute ist nahezu jedes Vorschulkind einer beträchtlichen Menge von Schrift ausgesetzt, sodass es wahrscheinlich ist, dass die Anzahl der Kinder ansteigen wird, die zumindest einige Wörter lesen können, bevor sie zur Schule gehen.

Lernen zu lesen

Sprache ist Sprache – wie auch der Unterschied zwischen Japanisch und Englisch sein mag, jedes Kind mit intakten sensorischen und neurologischen Eigenschaften wird Japanisch und Englisch mit Leichtigkeit lernen, wenn es in einem Haushalt aufwächst, in dem beide Sprachen gesprochen werden. Bis vor einiger Zeit wurde es für ein englisches Kind als schwieriger angesehen, den Umgang mit schriftlichem Englisch zu lernen als den mit gesprochenes Japanisch. Obwohl es bekannt war, dass ein Englisch sprechendes Vorschulkind mündliches Japanisch lernen würde, ohne unterrichtet zu werden, wenn es in einer entsprechenden Umgebung aufwächst, wurde immer noch angenommen, dass dasselbe Kind zur

Schule gehen muss, um im Lesen des geschriebenen Englisch unterrichtet zu werden.

Worin besteht der Unterschied zwischen geschriebenem und gesprochenem Englisch? Erklären die Unterschiede die unterschiedlichen Methoden des Erwerbs? Geschriebenes Englisch ist eine visuelle Sprache, und gesprochenes Englisch ist eine auditive Sprache – man schaut die eine an, und die andere hört man. Es besteht eine Beziehung zwischen diesen beiden, die aber keinen Einfluss auf die Methoden des Erwerbs hat. Es besteht auch eine Beziehung zwischen Spanisch und Italienisch, jedoch beeinflusst dies nicht den isolierten Erwerb einer dieser beiden Sprachen. Wir wissen, dass auditive Sprache allein dadurch erworben werden kann, dass man ihr ausgesetzt ist – auf diesem Weg lernen die meisten Kinder ihre Muttersprache. Die wichtige Frage ist nun: Kann visuelle Sprache durch »Berieselung« erworben werden? Die Antwort lautet eindeutig »Ja«, und sie kommt nicht aus der Forschung über geschriebene Sprache, sondern vielmehr aus der Forschung über Gebärdensprache.

Die Gebärdensprache, die in Gemeinschaften von tauben Menschen benutzt wird, ist eine visuelle Sprache. Kinder, die in Haushalten aufwachsen, in denen die meisten Unterhaltungen in dieser Zeichensprache stattfinden, lernen diese Sprache in der gleichen Weise, in der Kinder in sprechenden Haushalten verbale Sprache erlernen. Sie verstehen alltägliche Zeichen, bevor sie diese selbst produzieren können. Sie »lallen« Zeichen, bevor sie die ersten erkennbaren Annäherungen an die Zeichen der Erwachsenen machen. Sie verbessern dann die Produktion der Zeichen und steigern gleichzeitig deren Anzahl in der gleichen Weise, in der Kinder, die sprechen lernen, ihre Artikulation verbessern und ihr Vokabular erweitern.

Dieser Umstand zeigt, dass wir fähig sind, Sprache zu erwerben, nicht aber eine bestimmte oder in einem bestimmten Modus. Räumt man die Möglichkeit ein, dass Dekodieren von Schrift in der gleichen Weise wie Dekodieren von Verbalsprache erlernt werden kann – also durch Berieselung –, dann benötigt man dazu keine größeren intellektuellen Fähigkeiten – also nur Fähigkeiten, die schon beim Kleinkind vorhanden sind. Wenn dem so ist, gibt es keinen Grund anzunehmen, dass jemand nicht auch Schriftkompetenz erwerben kann, vorausgesetzt ein angemessenes Augenlicht, eine Kontaktmöglichkeit in Bezug auf Schrift und die nötige Motivation sind vorhanden.*

Der wesentliche Unterschied zwischen schriftlichem und mündlichem Englisch, die unterschiedliche Erwerbsstrategien in der Vergangenheit zur Folge hatten, besteht nicht im Modus, sondern in der Menge an Berieselung, die für jeden Modus im täglichen Leben möglich ist. Oben habe ich behauptet, dass die Beziehung zwischen diesen beiden nicht wesentlicher ist als zwischen Italienisch und Spanisch. Wenn auch Kenntnisse in einer Sprache das Lernen einer anderen Sprache erleichtern können, sind diese Kenntnisse keine notwendige Voraussetzung. Eine aufschlussreichere Beziehung ist die zwischen gesprochenem Italienisch und gesprochenem Latein. Beide sind auch auditive Sprachen; sie haben viele Gemeinsamkeiten, jedoch wird die eine normalerweise durch Berieselung, die andere durch formalen Unterricht erworben. Der Unterschied besteht also in der Menge der Berieselung und deren Quellen. In Italien wird Italienisch überall gesprochen. Obwohl viele Menschen Kenntnisse über Latein haben, wird es nur in bestimmten Situationen gesprochen und kann nicht erlernt werden, es sei denn, man ist in diesen Situationen anwesend. Italienisch kann »aufgeschnappt«, Latein muss unterrichtet werden.

Natürlich wirft diese Theorie des Spracherwerbs die Frage auf, was wir meinen, wenn wir sagen, dass Sprache »unterrichtet« wird. Es könnte sein, dass die Rolle eines Lehrers eigentlich darin besteht, Situationen zu schaffen, in denen Sprache aufgenommen werden kann. Es gibt Ansätze, mit denen man

* Dies soll nicht bedeuten, dass es nicht auch Menschen gibt, für die Lesen schwierig oder unmöglich ist. Ein geringer Prozentsatz von Menschen leidet an Wortblindheit oder Worttaubheit.

versucht, die verschiedenen Sprachformen in der gleichen Weise zu unterrichten wie eine Fremdsprache. In meiner Jugend umfasste dies überwiegend mechanisches Lernen, das eigentlich kontraproduktiv ist. Die Sprache wurde von außen in bestimmte Kategorien, wie beispielsweise unregelmäßige Verben, aufgesplittert. Wenn Menschen eine Begabung haben, Sprache schon im Kleinkindalter zu erwerben, dann sollten die Strategien, die so effektiv bei Kleinkindern sind, auch in den Unterrichtsmethoden für alle Sprachen umgesetzt werden. (Allerdings scheint es erwiesen zu sein, dass wir diese wunderbare Begabung im Verlauf unserer Kindheit verlieren.) Obwohl die meisten von uns etwas Englisch oder Französisch durch den Unterricht in der Schule gelernt haben, müsste man eigentlich fragen, ob wir trotz oder wegen der angewendeten Methoden dazu in der Lage waren. Die Lehrer sorgten für eine geringe Berieselung mit Sprache, deshalb lernten wir die Sprache nur in einem geringen Umfang. Wenn wir motivierte Schüler waren, lernten wir alles, was uns unsere Lehrer unterrichteten. Heute noch bin ich in der Lage, das lateinische Verb »vocare« zu bis zum Plusquamperfekt Konjunktiv Passiv zu deklinieren. Leider bin ich nicht in der Lage, manchen einfachen Satz ohne Hilfsmittel zu dekodieren. Latein ist eine tote Sprache, und ich habe nur ihr Gerippe entdecken können.

Vor 150 Jahren gingen Kinder zur Schule (wenn sie Glück hatten), um lesen zu lernen. Relativ wenige Familien besaßen Bücher, von denen wenige für junge Menschen geschrieben wurden. Zeitungen waren vergleichsweise teuer und wurden selten in der häuslichen Umgebung gelesen. Leihbibliotheken verlangten Leihgebühren, ihr Angebot war nicht auf Kinder ausgerichtet. Es gab ebenfalls keine Supermärkte, Fernsehen oder Werbung. Briefmarken waren teuer, und für die meisten Familien war es unüblich, Briefe zu schreiben, Weihnachts- und Geburtstagskarten kamen erst später. Folglich hatten nur wenige Kinder außerhalb der Schule Kontakt zu Schrift. Sie gingen in die Schule, um lesen zu lernen, und lasen dabei Schülbücher. Vor dem 19. Jahrhundert war der Anteil der Leser in der Bevölkerung noch geringer. Schriftliche Sprache war in ihrer Verbreitung eingeschränkt und somit auch die Möglichkeit, diese Form von Sprache durch Kontakt zu erlernen.

Die Situation stellt sich heute anders dar. In unserer Gesellschaft wird jeder, ungeachtet seines Alters oder seiner sozialen Schicht mit geschriebener Sprache bombardiert. Unsere Lebensmittel und Getränke befinden sich in Verpackungen mit schriftlichen Nachrichten. Ein Besuch im Supermarkt ist eine Lektion im sinnentnehmenden Lesen, die durch eine Flut von Werbung im Fernsehen und in unseren Briefkästen unterstützt wird. Werbepost, mit ihrer Kombination aus Wörtern und Bildern, auf denen bekannte Gegenstände abgebildet sind, ist eine ideale Hilfe zur Dekodierung von schriftlicher Sprache. Zu dieser Werbung kommen noch die eigentliche Post, Rechnungen, offiziellen Bekanntmachungen, Briefe und Grußkarten hinzu. In fast jedem Haus findet man Zeitungen, Zeitschriften und meistens auch Bücher. Es gibt tausende Bücher für Vorschulkinder, in Leihbibliotheken kann man sich kostenlos bedienen. Die Haushalte, die nicht über solches Material verfügen, besitzen normalerweise ein Fernsehgerät. Fernsehen projiziert eine große Menge an geschriebener Sprache, nicht nur in speziellen pädagogischen Sendungen (z.B.: Sesamstraße), sondern auch in der Werbung und durch Titel und Untertitel. Besonders Werbung und Titel werden mit verbaler Sprache verbunden, damit sie schnell erkannt werden können.

Zum ersten Mal in der Geschichte der Menschheit sieht sich eine große Anzahl von Kindern genügend Schrift an, um diese erfassen und durch die tägliche Berieselung geschriebene Sprache dekodieren zu können. Schon Säuglinge sehen geschriebene Sprache von der Wiege aus (oder zumindest von ihrem Kinderwagen aus). Natürlich sehen die meisten von ihnen nicht so viel geschriebene, wie sie gesprochene Sprache hören. Die Frage ist, ob sie ausreichend geschriebene Sprache in sinnvollen Situationen (z.B. Nahrung in Verpackungen) sehen, um den Kode zu knacken. In welchem Alter werden sie ausreichend Sprache gesehen haben, um sich zumindest an bestimmte Wörter erinnern zu können?

Vermutlich könnten sie auch lernen, diese Sprache ohne formalen Unterricht zu reproduzieren, vorausgesetzt, man stellt die notwendigen Werkzeuge und ausreichende Übungszeit zur Verfügung. Die meisten Eltern geben ihren Kleinkindern aus offensichtlichen Gründen keine Schreibutensilien. Deshalb können die ersten Versuche, auf diesem Wege zu reproduzieren, im Vergleich zu den ersten Versuchen, verbal zu reproduzieren, zeitlich verschoben werden. Zur Produktion von verbaler Sprache sind nur die Werkzeuge des menschlichen Körpers notwendig. Folglich findet der Beginn der formalen Erziehung zur gleichen Zeit statt, zu der einem Kind die Gelegenheit eingeräumt wird, mit der Produktion von geschriebener Sprache zu beginnen. Es wird dann schwierig sein, aufgeschnappte von unterrichteten Schreibfertigkeiten zu unterscheiden, zumindest so lange, bis der Gebrauch von Tastaturen, die weniger Koordination erfordern und weniger gefährlich sind, sich in den Kinderzimmern durchgesetzt hat.

Lesen und Schreiben

Schriftliche Sprache mag Vorteile bei der Aufnahme gegenüber der Verbalsprache haben, sie hat aber auch Nachteile. Die Schrift, die ein Säugling oder ein Kleinkind sieht, ist normalerweise schon vorgefertigt worden. Der größte Teil der sie umgebenden Schrift ist nicht von den Menschen produziert worden, die ihnen am nächsten stehen. Diese Tatsache mag die Motivation zu dekodieren und zu reproduzieren vermindern. Sie beobachten nicht den Produktionsprozess, den sie sehen und hören können, wenn ihre Eltern zu ihnen sprechen (oder ihnen Zeichen geben); es ist deshalb nicht möglich, zu imitieren. Wie schon erwähnt, erfordert die Imitation von geschriebener Sprache (im Gegensatz zu Zeichen) Werkzeuge – Papier und Bleistift –, die normalerweise nicht in die Hände von Kleinkindern gegeben werden.

Schreiben ist eine Tätigkeit, die ein beträchtliches Maß an physischen Fertigkeiten erfordert. Die zum Schreiben erforderliche neuromuskuläre Koordination ist möglicherweise nicht so anspruchsvoll wie die zum Sprechen benötigte, aber immer noch beträchtlich, wobei die Gelegenheiten zur Übung geringer sind.* Schreiben stellt substanzielle Anforderungen an Bewegungsgedächtnis und -planung. Diese sind oft Problembereiche für Menschen mit schweren kommunikativen Beeinträchtigungen, die sowohl Schwierigkeiten haben mit der Hand zu schreiben (oder Gebärden zu benutzen) als auch mit der Verbalsprache.**

Säuglinge verstehen mehr Wörter, als sie sagen können, ebenso verstehen ältere Kinder und Erwachsene mit eingeschränkter Verbalsprache gewöhnlich mehr, als sie sagen können.*** Sechsjährige können mehr lesen, als sie schreiben; ältere Kinder oder Erwachsene, deren Schreibfertigkeiten limitiert sind, können wahrscheinlich auch mehr lesen als schreiben. Glücklicherweise gibt es neben der Handschrift noch andere Strategien, geschriebene Sprache zu produzieren – tippen, auf Buchstaben einer Tafel zeigen oder magnetische Buchstaben oder Buchstabenblöcke (wie beim Schriftsetzen) bewegen. Alle diese Strategien umgehen Probleme bei der Bewegungsplanung. Für Menschen mit schwereren physischen Problemen stehen verschiedenen Strategien zum Buchstabieren zur Verfügung, die keine Handfertigkeiten erfordern. Viele Menschen, die weder sprechen noch mit der Hand schreiben können, haben erfolgreich Hochschulen besucht, indem sie alternative Strategien zur Produktion schriftlicher Sprache be-

* Da alle Sprechinstrumente eingebaut sind, liegt es nahe, sie im Rahmen des angeborenen Entwicklungsprogramms auszuprobieren und zu gebrauchen. Da die Instrumente für schriftliche Sprache nicht eingebaut sind, wird auch nicht zwangsläufig versucht zu schreiben.

** Vielen Menschen, die nicht mit der Hand schreiben können, ist es möglich zu tippen, da dies eher eine visuelle Kontrolle der Bewegung erfordert, als dass es das motorische Gedächtnis beansprucht. Natürlich könnten sich Schwierigkeiten bei der Rechtschreibung ergeben. Trotz dieser Schwierigkeiten können sie möglicherweise Schrift auf einen höheren Niveau dekodieren als buchstabieren, genau so wie viele Menschen ohne Behinderungen leichter lesen als buchstabieren können.

*** Wenn wir im Ausland sind, ist es wahrscheinlich, dass wir mehr verstehen als wir sagen können.

nutzten. In der gleichen Weise, in der das Dekodieren von Schrift von der Fähigkeit, laut zu lesen, getrennt werden muss, ist auch die Fähigkeit zu buchstabieren von der Fähigkeit, mit der Hand zu schreiben, gesondert zu betrachten.

Lesen und Menschen mit schweren kommunikativen Beeinträchtigungen

Menschen, die in ihren Ausdrucksmöglichkeiten eingeschränkt sind, haben möglicherweise geringe oder keine Schwierigkeiten bei der Rezeption. Es ist wichtig, hier zu unterscheiden. Wenn wir die Aufnahmefähigkeit und die Verarbeitungsprozesse am Ergebnis beurteilen, unterschätzen wir wahrscheinlich das Potenzial dieser Menschen. Wenn wir ihr Potenzial, Lese- und Schreibfertigkeiten zu erwerben, übersehen, verweigern wir ihnen gleichzeitig die bestmögliche Alternative zur Verbalsprache, die unsere Gesellschaft bietet.

Verbalsprache und Fassungsvermögen, aber auch Buchstabieren und Lesen verlaufen auf verschiedenen Pfaden und hängen von verschiedenen Prozessen ab. Genauso wie wir mehr Wörter verstehen, als wir in unserer Verbalsprache anwenden, kann auch eine Diskrepanz zwischen den Wörtern, die wir lesen können, und denen, die wir buchstabieren können, entstehen.

Aufnahme/innere Prozesse	**Ergebnis**
hören/erfassen	Verbalsprache
sehen/lesen	buchstabieren (mit der Hand schreiben oder tippen)

Bestehen Schwierigkeiten beim Ergebnis (Störungen der Verbalsprache oder Koordinationsstörungen beim Handschreiben), ist es schwierig, Aussagen über die inneren Prozesse zu machen. Um zu erfahren, ob und wie viel Sprache jemand versteht, ist es notwendig, Diagnosemöglichkeiten und Materialien zu nutzen, die alle expressiven Probleme umgehen.

Die Mythen über Lesen und Schreiben, die unsere Leseansätze dominiert haben, verleiteten uns oft dazu, das Potenzial der Menschen mit Behinderungen zu übersehen, Lese- und Schreibfertigkeiten zu erlernen. Viele Menschen mit schweren kommunikativen Beeinträchtigungen, die als geistig behindert etikettiert wurden, haben Lese- und Schreibfertigkeiten durch Kontakt zu Schrift in ihrer Umwelt erworben.

Ihre Familien und Lehrer sind sich dieser Fertigkeiten in den meisten Fällen nicht bewusst. Die mangelnden Fähigkeiten zu sprechen und mit der Hand zu schreiben haben diese Menschen zu zeigen gehindert, dass sie geschriebene Sprache verstehen. Einige zeigten Verhaltensweisen, die normalerweise mit Lesen in Verbindung gebracht würden (z.B. immer bestimmte Zeitschriften zu kaufen, sich täglich eine halbe Stunde mit einer Zeitung hinzusetzen, Bücher mit ins Bett zu nehmen). Die Familien und Lehrer haben die Mythen über Lesen und Schreiben verinnerlicht. Sie erwarten nicht, dass diese Menschen diese Fertigkeiten haben, und übersehen deshalb diese Verhaltensweisen.

Paul hat Down-Syndrom. Seine Mutter fand es niedlich, wie er seine Schwestern imitierte. Jeden Tag setzte er sich nach der Schule für eine Stunde hin und schien zu lesen. Er wählte altersgemäße Bücher aus, hielt sie aufrecht, blätterte Seite für Seite um, bewegte seine Augen von links nach rechts und von oben nach unten. Paul konnte jedoch nicht ausreichend sprechen um zu erzählen, was er gelesen hatte, und er konnte nicht mit der Hand schreiben, sodass seine Familie annahm, er würde die Wörter nicht verstehen. Im zwölften Lebensjahr hatte Paul zum ersten Mal die Chance zu tippen. Er zeigte gutes Verständnis beim Lesen, ein exzellentes Vokabular und buchstabierte ansprechend!

Um sicherzustellen, dass Menschen mit Behinderungen die Möglichkeit haben, Lese- und Schreibfertigkeiten zu erwerben, ist es wichtig, ihnen den gleichen Zugang zu Schrift zu ermöglichen wie ihren Altersgenossen. Allen Kindern sollte vorgelesen und dabei das Buch so gehalten werden, dass die Bilder und die Schrift zu sehen sind. Kinder, deren körperliche

Einschränkungen das Festhalten oder Umblättern verhindern, benötigen Buchständer bzw. Seitenwender, um Bücher anzuschauen. Wenn die Möglichkeit besteht, dass Bücher erheblich beschädigt werden, können preiswerte Bücher und Zeitschriften angeboten werden, bis jemand in der Lage ist, mit Büchern sachgemäß umgehen zu können.* Wichtig ist, dass Kinder mit eingeschränkten kommunikativen Möglichkeiten möglichst viel Kontakt zu geschriebener Sprache haben. Solche Angebote können keinen Schaden anrichten, sie können sich nur postiv auswirken.

Ältere Kinder oder Erwachsene mit schweren Behinderungen verfügen vielleicht schon über Lese- und Schreibkenntnisse, unabhängig davon, ob sie Zugang zu formalem Unterricht hatten. Beobachter können Verhaltensweisen erkennen, die auf ein Interesse an oder Verständnis für geschriebene Sprache hinweisen. Maria schaut immer erst in die TV-Zeitschrift, bevor sie das Gerät einschaltet. Liz schaut zum Bücherregal und nimmt das Buch, nach dem ihr Vater verlangt. Tony legt jeden Song auf, den die Mitarbeiter wünschen, selbst dann, wenn keine der Platten ein Cover hat. Dean geht jedes Mal zum schwarzen Brett, wenn eine neue Nachricht angebracht wird.

Die Beurteilung der Lese- und Schreibfertigkeiten bei Menschen, die weder sprechen noch mit der Hand schreiben können, erfordert Geduld und Kreativität. Das verwendete Material muss altersgemäß und motivierend sein. Multiplechoice-Aufgaben, wie beispielsweise Auswahl eines entsprechenden Wortes zur Einfügung in einen Satz, die Auswahl einer Karikatur, die zu einem Text passt, oder die Auswahl einer schriftlichen Antwort, bezogen auf Fragen zum Allgemeinwissen, sollten nach Altersgruppen und Interessen vari-

* Manchmal gehen einige Personen nicht adäquat mit Schriftmaterial um. Daraus kann nicht geschlossen werden, dass sie über keine Schriftkompetenz verfügen. Don zerriss Bücher und Zeitschriften, da es für ihn sehr schwierig war, die Seiten umzublättern. Lyn hatte nicht die Ruhe, eine ganze Seite zu lesen, sie verfügte aber trotzdem über ein gutes Verständnis und besuchte eine höhere Schule erfolgreich.

iert werden. Personen mit eingeschränkten Handfunktionen sollten unterrichtet werden, Auswahlstrategien anzuwenden. So könnten sie auf Gegenstände zu zeigen lernen oder durch Blicke eine Auswahl zu treffen, damit sie sinnvoll auf Multiple-choice-Fragen antworten können. Wenn keine Auswahlstrategie zur Verfügung steht, sollten daraus keine Schlüsse auf aktuelle oder potenzielle Lese- und Schreibfertigkeiten gezogen werden.

Natürlich wird es einzelne Personen geben, die nicht bei der ersten Beurteilung derartige Fähigkeiten demonstrieren. Sensorische Einschränkungen könnten die Fähigkeit, geschriebene oder gesprochene Sprache ohne spezielle Hilfen und Unterichtsmethoden aufzunehmen, einschränken. Es könnte auch an ausreichendem Kontakt zu geschriebener Sprache gemangelt haben, um sie ohne formalen Unterricht zu erfassen (dies ist bei Menschen wahrscheinlich, die die überwiegende Zeit ihres Lebens in Heimen verbracht haben oder deren Erziehungsberechtigte nicht lesen und schreiben können oder die die Sprache nicht sprechen, die in der jeweiligen Umgebung gesprochen wird). Manche Menschen haben trotz Kontakt zu geschriebener Sprache kein Interesse entwickelt, da sie diese als für sich nicht relevant ansehen. Alle diese Menschen würden wahrscheinlich von einem Kontakt zu geschriebener Sprache profitieren, sind aber gleichzeitig Kandidaten für Lernprogamme zum Lesen und Schreiben.

Die Bedeutung von Lese- und Schreibfertigkeiten für Menschen mit schweren Kommunikationseinschränkungen kann nicht hoch genug bewertet werden. Natürlich kann auch Gebärdensprache eine starke Alternative zur Verbalsprache sein. Sie ist aber nur für Menschen mit uneingeschränkten Handfunktionen effektiv, die in einer Gemeinschaft leben, in der diese Sprache allgemein verstanden wird. Viele Menschen mit schweren kommunikativen Beeinträchtigungen verfügen nur über eingeschränkte Handfunktionen und leben mit Menschen, die keine Gebärdensprache verstehen. Die einzige Kommunikationsstrategie, die diesen Menschen Zugang zu einem uneingeschränkten Vokabular ermöglicht, ist Buchstabieren. Ohne Buchstabierfertigkeiten sind sie darauf beschränkt, Bilder-, Zeichen- oder Wortanzeigen zu benutzen, die sich auf das Vokabular beschränken, das von Betreuern, Lehrern oder Therapeuten ausgewählt wurde. Diese Auswahl reflektiert deren Sicht dessen, was und wie eine Person etwas sagen möchte. Selbst geringe Fertigkeiten oder die Fähigkeit, einzelne Buchstaben zu identifizieren, werden die Optionen eines Benutzers einer Kommunikationshilfe erheblich steigern. Tina zeigt auf das Symbol für »Tier« und den Buchstaben »d«. Tina könnte über »dogs, donkeys, ducks« oder »dolphins« sprechen wollen. Der Kommunikationspartner könnte dann »Ja/Nein«-Fragen stellen und so erfahren, welches Tier gemeint ist. Diese Strategie ist vielseitiger und effektiver als eine ausschließliche Zugriffsmöglichkeit auf spezifische Tiersymbole oder eine Fragestrategie, die sich auf das gesamte Tierreich erstreckt. Buchstabieren ist die einzige Strategie, die es Menschen mit schweren kommunikativen Einschränkungen erlaubt, über das, was sie möchten, in den Worten, die sie auswählen, zu kommunizieren.

Trotz aller Mühen wird für manche Menschen mit schweren kommunikativen Beeinträchtigungen der Erwerb von Fertigkeiten des Lesens und Schreibens unmöglich sein. Glücklicherweise gibt es für sie verschiedene nonverbale Kommunikationsstrategien, die kein Lesen und Schreiben erfordern, wie beispielsweise Strategien, die Bilder oder Symbole beinhalten. Diese Optionen sind auch für Kleinkinder und Personen sinnvoll, deren Buchstabierfertigkeiten sich noch in einem Aufbaustadium befinden. Wie aus einem Mangel an Verbalsprache nicht auf eine Unfähigkeit zu lesen geschlossen werden kann, so kann man aus nicht vorhandenen Lesefertigkeiten nicht auf die Unfähigkeit zu kommunizieren schließen.

5 Grundregeln für Empfänger nonverbaler Kommunikation

- **Habe Geduld.** Wir können 150 Wörter in der Minute sprechen; viele Benutzer von Kommunikationshilfen übermitteln 150 Wörter in einer Stunde.
- **Sei zuversichtlich.** Nervosität oder Zweifel werden natürlich mit katastrophalen Folgen für das Selbstbewusstsein auf den Benutzer einer Hilfe übertragen.
- **Beobachte deine eigene Kommunikation**. Sprichst du herablassend mit dem Hilfenbenutzer? Hebst du deine Stimme, wenn du jemanden ansprichst, der nicht sprechen kann? Enthält deine Interaktion vorwiegend Befehle oder Verbote?
- **Benutze die richtige Methode**. Finde immer wieder heraus, wie der Benutzer seine Hilfe bedient und wie diese positioniert werden muss. Beobachte möglichst jemanden, der flüssig mit dem Hilfenbenutzer kommuniziert, und bitte ihn/sie, deine ersten Versuche zu beobachten. Nimm dir kleine Schritte vor, bevor du tiefere Diskussionen anstrebst.
- **Gib angemessene Rückmeldung**. In frühen Stadien der Kommunikation hilft es dem Benutzer, wenn der Empfänger jeden Buchstaben laut ausspricht oder die Äußerung nach jedem Wort komplett wiederholt. Möglicherweise wird es der Benutzer aber vorziehen, wenn der Partner die Äußerung nicht wiederholt, bis sie abgeschlossen ist (und auch nur dann, wenn sie nicht privat ist).
- **Sei aufmerksam**. Es ist für den Hilfenbenutzer genauso wichtig zu spüren, dass du interessiert bist, wie es für dich wichtig ist, dass die Person, mit der du redest, zuhört. Wenn der Hilfenbenutzer unerfahren ist, beobachte sein Ergeb-

nis, und warne ihn, wenn du etwas nicht verstehst. So können Korrekturen vorgenommen werden, bevor es zu einem Zusammenbruch der Kommunikation kommt.

- **Biete Lückentexte an.** Erinnere dich, dass der Zweck des Gebrauchs einer Hilfe die Kommunikation ist und nicht die Durchführung von Rechtschreibetests. Die meisten Benutzer werden es zu schätzen wissen, wenn du Wö______ vervollstä_____ lässt, deren Bedeu________ offensi____ ist. Wie du siehst, ist es sehr hilf_____.
- **Achte auf Abkürzungen**. Viele Benutzer verwenden Abkürzungen, um ihre Kommunikation zu beschleunigen. Die Interpretation wird erleichtert, wenn der Benutzer Leerzeichen zwischen den Wörtern einfügt, zumindest weiß man dann, wann ein Wort beginnt und wann es zu Ende ist.
- **Versichere dich der Bedeutung.** Viele Benutzer schreiben in einem Telegrammstil. Ein Benutzer, dessen Kommunikationshilfe nur über ein eingeschränktes Vokabular verfügt, kann nur Annäherungen machen. In diesen Fällen ist es notwendig, nachzufragen, um sich der gewünschten Bedeutung zu versichern. Es sollte eine Gewohnheit werden, den Benutzer nach jeder Äußerung zu fragen, ob man sie richtig verstanden hat. Wenn die Kommunikationshilfe keinen geschriebenen Output hat, kann es sehr leicht passieren, dass der Empfänger eine Reihe von Wörtern durcheinander bringt. Ein Hilfenbenutzer neigt wie wir alle zu unüberlegten und verwirrenden Äußerungen, er hat aber ohne unsere Hilfe keine Möglichkeit, einen zweiten Versuch anzugehen.
- **Antworte angemessen**. Es ist einfach, so abgelenkt zu werden, dass man vergisst, was jemand gerade gesagt hat. Du solltest taktvoll dafür sorgen, dass die Menschen um den Hilfenbenutzer herum ebenfalls reagieren. Ignoriert zu werden ist sehr entmutigend für jemanden, der einen großen Aufwand betrieben hat um »Hallo, wie geht es?« zu sagen.
- **Stärke den Hilfenbenutzer**. Ermögliche dem Hilfenbenutzer, eine wirkliche Auswahl zu treffen (und nicht nur Mittagessen »auszuwählen«, wenn ohnehin Essenszeit ist).

Reagiere auf die Forderungen und Kommentare des Benutzers, wann immer dies möglich ist. Wenn es einmal nicht möglich sein sollte, erkläre, warum.

- **Ermutige zur Hilfenbenutzung überall.** Unsere Kommunikation ist nicht auf bestimmte Zeiten und Orte beschränkt. Unbequemlichkeit ist kein Grund, die Kommunikation zu verweigern. Wenn eine Situation wirklich schwierig ist, wenn beispielsweise der Bus wartet, frage nach, ob die Kommunikation dringend ist (jemand könnte etwas Wichtiges verlegt haben oder zur Toilette müssen). Wenn es nicht dringend ist, verschiebe die Kommunikation auf einen festgelegten Zeitpunkt. Wenn es ein praktisches Problem ist, versuche eine praktische Lösung zu finden.
- **Ermutige, Gefühle zu äußern**. Viel Hilfenbenutzer haben ihr Gerät nur dazu benutzt, eine Auswahl zu treffen und einfache Fragen zu beantworten. Sie brauchen Ermutigung, um sich auf längere Unterhaltungen einzulassen und mehr von sich preiszugeben.
- **Respektiere Privatsphäre**. Wenn jemand etwas äußert, das nicht für die Allgemeinheit bestimmt ist, widerstehe der Versuchung, es weiterzugeben, ungeachtet dessen, wie interessant oder amüsant es ist. Erwachsene (und Kinder) haben das Recht, dass nicht alles an ihre Eltern weitergegeben wird. Wenn die Kommunikationshilfe des Benutzers schriftliche Resultate hat, sorge dafür, dass die Aufzeichnungen vernichtet werden, es sei denn, sie gehören zu einem speziellen Unterrichtsprogramm oder du hast die Erlaubnis, sie zu behalten.
- **Bleibe auf deiner eigenen Seite**. Biete deine Meinung an. Erzähle dem Hilfenbenutzer, was du getan hast. Es ist für den Benutzer schwer und ermüdend, eine Frage zu stellen. Oft bekommt er dann keine Antwort. Der Hilfenbenutzer wird immer gebeten, Informationen durch Beantworten deiner Fragen zu geben. Er erwartet aber auch, daß du ihm antwortest.
- **Erkenne den Aufwand und die eingeschlossene Frustration an**. Eine Antwort, die über eine Kommunikationshilfe ge-

geben wird, erfordert mehr Mühe und kann leichter missverstanden werden als eine Antwort, die verbal geäußert wird. Deshalb ist es wichtig, dass unnötige und wiederholte Fragen vermieden werden.

- **Vermeide zu testen**. Viele Hilfenbenutzer haben Fragen gegenüber, die sie als Tests empfinden, eine negative Einstellung und geben deshalb falsche Antworten. Es sollte nur in angemessenen Situationen, wie etwa im Klassenraum, getestet werden. Schließlich wird von uns auch nicht verlangt, unsere Kompetenz jedes Mal zu beweisen, wenn wir unseren Mund öffnen. Wenn das von uns verlangt würde, würden wir nicht mehr viel sagen. Ein Hilfenbenutzer, der den Eindruck hat, dass jede Interaktion ein Test ist, wird sich wahrscheinlich gegen die gesamte Kommunikation sträuben. Es ist wahrscheinlicher, eine Antwort auf eine Frage zu bekommen, an der man gar nicht scheitern kann (z.B.: »Welche Farbe gefällt dir besser, Blau oder Pink?«), als auf eine Frage, die eine eindeutige Antwort erfordert (z.B.: »Welche Farbe hat der Himmel?«).
- **Übernimm die Verantwortung für Scheitern**. Wenn der Versuch einer Kommunikation nicht erfolgreich ist, zeige dich verantwortlich. Du kannst nicht die Entschuldigung vorbringen, du hättest eine kommunikative Beeinträchtigung. Eine Aussage wie »Es tut mir leid, es ist heute nicht mein Tag, lass es uns morgen noch mal versuchen« hilft dem Benutzer, sein Selbstbewusstsein zu erhalten.
- **Sei nicht negativ!**

6 Sitzposition und Körperhaltung

Es ist eine komplexe Anforderung, präzise auf ein kleines Ziel, wie etwa auf eine Taste einer Tastatur, zu zeigen. Die Ausführung einer solchen Bewegung betrachten wir als selbstverständlich. Es sind aber viele Prozesse an dieser Bewegung beteiligt. Zunächst lokalisieren wir das Ziel. Unser Gehirn verarbeitet dann die Informationen und stellt unsere Position im Raum fest. Zur gleichen Zeit befiehlt es unserem Zeigefinger, sich zu strecken, den anderen Fingern, sich zurückzuziehen, und unserem Arm, sich auszustecken. Wenn die eigene oder die Position des Ziels verändert wird, müssen die Entfernung und die Richtung neu »errechnet« und Korrekturen bei den bereits begonnenen Bewegung vorgenommen werden.

Das Gehirn von Tennisspielern der Weltklasse kann diese Neuberechnungen sehr gut ausführen, und ihre Muskeln sind trainiert, die Bewegungen schnell auszuführen. Die meisten von uns können zwar keinen Aufschlag von Pete Sampras zurückschlagen, sind aber in der Lage, ein Frisbee zu fangen. Diejenigen von uns, die kein Frisbee fangen können und Schwierigkeiten haben, ihre Bewegungen zu koordinieren, können entweder die Komplexität der Aufgabe vermindern oder durch Übungen die erforderlichen Fertigkeiten verbessern.

Präzises Zeigen ist schwierig, wenn sich die Person selbst oder das Ziel bewegt. Der einfachste Weg, die Anforderung zu verringern, ist, sicherzustellen, dass die Person und ihr Ziel fixiert sind. Eine erste Maßnahme, eine stabile Position zu schaffen, von der die Bewegung ausgehen soll, ist, eine angemessenen Sitzposition zu schaffen. Der zweite Schritt ist, die Fähigkeit zu fördern, die Position und Haltung von Schultern und Rumpf zu kontrollieren, sodass der Körper in einer aufrechten Position verbleibt. Der Schultergürtel sollte sich auf einer horizontalen Linie befinden und sich nicht unvermittelt bewegen. Bei der Gestützten Kommunikation wird die proximale Stabilität manchmal durch Druck auf die Schulter gesteigert; das langfristige Ziel ist aber eine Erhöhung der eigenen Stabilität, sodass ein Druck von außen nicht mehr erforderlich ist. Schließlich erfordert genaues Zeigen auf ein kleines Ziel oder eine Tastatur die Fähigkeit, den Zeigefinger zu isolieren.

Gib mir einen Sitzplatz – ich habe etwas zu sagen

Um alltägliche Aufgaben wie die Benutzung von Messer und Gabel, Schreiben oder Tippen ausführen zu können, ist es wichtig, eine stabile, funktionale und komfortable Sitzposition zu haben. Die körperliche Leistungsfähigkeit ist sehr stark von der Sitzposition abhängig. Eine schlechte Sitzposition schränkt die Fähigkeit weiter ein, Aufgaben auszuführen und die Umwelt zu beobachten. Sie kann auch schmerzhafte körperliche Schädigungen verursachen oder die gesamte Entwicklung behindern. Viele Individuen, die Kommunikationshilfen benutzen müssen, haben erheblich eingeschränkte Handfunktionen, die durch schlechtes Sitzen weiter verschlimmert werden.

Kinder, die noch keine stabile Körperhaltung erreicht haben, müssen kontinuierliche bewusste Anstrengungen aufbringen, damit sie in einer günstigen Sitzposition arbeiten können. Ohne eine angemessene stabile Körperhaltung könnte ihre Fähigkeit, sich auf Aufgaben, wie beispielsweise Schularbeit, zu konzentrieren, erheblich eingeschränkt sein. Unter bestimmten Umständen, wie etwa bei Zerebralparese, ist es manchmal notwendig, die unerwünschten Bewegungsmuster und Reflexe zu unterdrücken, um bestmögliche Funktionen zu erreichen.

Allgemeine Prinzipien für die Einrichtung einer Sitzpostion

Ein Stuhl sollte die folgenden Eigenschaften haben:

- Er sollte den Körper aufrecht halten. Dies ist speziell für Benutzer von Mikrocomputersystemen oder Kommunikationshilfen wichtig, die über ausreichende Unterstützung und Kontrolle ihres Kopfes, ihres Rumpfes oder ihrer Extremitäten verfügen müssen, damit sie auf einen Bildschirm sehen und Tastaturen oder Schalter benutzen können.
- Er sollte einer Person den Zugang zu einer stabilen Arbeitsfläche (einem Tisch oder einem Rollstuhltisch) mit einer angemessenen Höhe erlauben.

Fester Untergrund

Der wichtigste Aspekt bezüglich der Sitzposition ist ein fester Untergrund. Ohne diesen ist die Benutzung der Hände eingeschränkt. Ein gerader Stuhl von einer angemessenen Höhe, dessen Polsterung fest mit dem starren Sitzfläche verbunden ist, ist für Menschen, die ihre Hände benutzen, am besten geeignet.

Das Becken dient als Stützbasis für den Oberkörper. Wenn das Becken nicht fest und symmetrisch positioniert ist, wird es nicht die notwendige Stützung geben, die für die Bewegung der Arme notwendig ist. Darüber hinaus kann eine ungünstige Beckenhaltung zu spinalen Schädigungen führen.

Für Menschen mit einer Gleichgewichtsstörung ist der Gebrauch eines Stuhls mit schmalem Sitz und hohen Lehnen sinnvoll. Es sollte sichergestellt werden, dass die Basis des Stuhls groß genug ist, um ein Kippen zu vermeiden, wenn sich die Person in eine Richtung lehnt. Menschen, die dazu neigen, in einem Stuhl nach vorne zu rutschen, da sie Schwierigkeiten haben, die Kippung ihres Beckens aufrechtzuerhalten, können durch rutschfeste Unterlagen in einer günstigen Position gehalten werden. Diese Materialien können auch als Unterlage auf der Arbeitsfläche dienen und so ein Abrutschen vermeiden.

Sitzpostion bei niedrigem Muskeltonus

Für Menschen mit niedrigem Muskeltonus ist es schwierig, ihren Körper und ihre Arme gegen die Schwerkraft zu heben. Die meisten Menschen mit Down-Syndrom haben wie viele andere Menschen mit Entwicklungsbehinderungen eine solche Auffälligkeit. Es ist besonders wichtig, dass Stühle und Tische in einer passenden Höhe benutzt werden. Besondere Aufmerksamkeit ist auf Menschen zu richten, die keine durchschnittliche Körpergröße haben. Ein fester Untergrund wird geschaffen, wenn die folgenden Punkte beachtet werden:

- Fußgelenke, Knie und Hüften sollten sich in einem rechten Winkel zum Stuhl befinden. Die Füße sollten flach auf dem Fußboden oder auf einer festen Unterlage stehen. Wenn ein Sitz zu hoch ist, sollten die Stuhlbeine verkürzt oder es sollte eine stabile Fußauflage montiert werden. Die Streben eines Stuhls sind keine geeigneten Unterstützungsflächen für die Füße. Wenn die Sitzfläche zu niedrig ist, kann der Stuhl durch Blöcke unter den Stuhlbeinen angehoben werden. Wenn dies nicht möglich ist, kann auch ein Spezialkissen verwendet werden. Dieses Kissen muss dann auf der Sitzfläche befestigt werden, sodass es nicht rutscht. Es ist wichtig, dass dieses Kissen nicht zu weich ist, da der Benutzer nicht absinken soll.
- Die Sitzfläche sollte groß genug sein, um die Oberschenkel abstützen zu können.
- Die Person sollte aufgefordert werden, auf der gesamten Fläche und nicht auf dem Rand zu sitzen.

Die Fähigkeit die Hände zu benutzen, ist bei Menschen mit niedrigem Tonus durch die Höhe der Arbeitsfläche oder des

Tisches bedingt. Wenn diese zu hoch sind, führt dies zu einer schnellen Ermüdung. Auf Armlehnen können die Ellbogen und die Unterarme abgestützt werden, was die praktische Arbeit allerdings beschwerlicher macht. Wenn die Armlehnen verhindern, dass der Stuhl nahe an den Tisch gezogen werden kann, führt dies zu einer übermäßigen Anspannung und zu einer frühzeitigen Ermüdung.

Ein Tisch sollte so hoch sein, dass man in der Lage ist, die Füße unterzustellen und die Unterarme auf die Tischplatte aufzulegen. Die korrekte Höhe hängt aber auch von der Aufgabe ab, die ausgeführt werden soll. Wenn mit der Hand geschrieben wird, sollten die Arme komfortabel auf dem Tisch ruhen; für den Gebrauch einer Tastatur sollte dagegen der Tisch niedriger sein, er sollte sich knapp über den Oberschenkeln befinden. Alternativ dazu kann es für einige Personen paktisch sein, die Tastatur oder die Kommunikationshilfe auf den Schoß zu legen. Am einfachsten kann man den unterschiedlichen individuellen Bedürfnissen gerecht werden, wenn Tische und Stühle benutzt werden, die in ihrer Höhe verstellbar sind. Besonders geeignet sind Tische, deren Fläche sich sowohl in der Höhe als auch im Neigungswinkel verstellen lassen und deren Beine auf Rädern stehen.

Da sich in den meisten Schulen nur Stühle befinden, die sich nicht verstellen lassen, muss auf zusätzlichem Hilfsmittel, wie beispielsweise Kissen, zurückgegriffen werden.

Eine kurze Liste zur Kontrolle der richtigen Sitzposition

Diese Liste ist nützlich, um festzustellen, ob eine Person richtig sitzt. Sitzt die Person

- auf der gesamten Sitzfläche, und ist ihr Rückgrat so nah wie möglich an die Mitte der Lehne angelehnt,
- in einer Position, in der ihre Füße stabil aufliegen und die Fußspitzen dabei nach vorne grichtet sind,
- mit ihren Knien und Hüften auf einer Linie,

- mit adäquat unterstützten Oberschenkeln, d.h., ist die Sitzfläche lang genug, und endet sie zwei Fingerbreit vor den Kniekehlen,
- auf einem Stuhl mit Armlehnen, die eine entsprechende Höhe haben, sodass die Schultern nicht herabhängen oder gekrümmt sind,
- mit dem Blick auf die Aufgabe gerichtet,
- an einer Arbeitsplatte, deren Höhe unter Berücksichtigung der Sitzposition und der Aufgabenstellung eingestellt ist,
- bequem?

Wenn eine optimale Funktion der Hände gewährleistet werden soll, darf keine dieser Fragen mit Nein beantwortet werden.

Aktivitäten zur Stärkung des Schultergürtels

Damit gute Funktionen der Hände möglich sind, muss die Muskulatur der Schultern, des Oberkörpers und der Arme stark sein. Die Muskulatur des Oberkörpers dient der Stabilisierung, sodass die Hand präzise und effektiv Aufgaben ausführen kann. Wenn diese Muskulatur schwach ist, wird es für eine Person schwierig sein, eine Aktivität, wie die Benutzung einer Tastatur, über einen längeren Zeitraum auszuführen, da sie die Hand nicht in der korrekten Position halten kann.

Paul hat Down-Syndrom und einen niedrigen Muskeltonus. Aus diesem Grund hat er nie viel Sport getrieben. Folglich wurde sein niedriger Muskeltonus durch eine Muskelschwäche kompliziert – er hatte seine Arm- und Schultermuskulatur nicht in der Weise benutzt wie andere Kinder, weshalb sie schwächer ausgebildet war. Als seine Familie dieses Problem erkannte, ging Paul regelmäßig schwimmen. Darüber hinaus hängte sein Vater einen Basketballkorb über der Garage auf; Paul verbrachte täglich eine halbe Stunde damit, fröhlich auf den Korb zu werfen. Nicht nur Pauls Tippen verbesserte sich, er verbesserte auch seine sportlichen Fähigkeiten, die es ihm ermöglichten, an sportlichen Gruppenaktivitäten in der Schule teilzunehmen.

Ein wichtiger Faktor bei der Entwicklung und Aufrechterhaltung von Muskelstärke ist die Einbeziehung in alltägliche Aktivitäten, die für alle Kinder und Erwachsenen ohne Behinderungen Routine sind. Solche Aktivitäten könnten das Tragen von Einkaufstaschen, Hausarbeit, Gartenarbeit und auch Schwimmen und Ballspiele sein. Die folgende Liste soll einige Beispiele für Tätigkeiten geben, die Arm- und Schultermuskulatur stärken:

- Volleyball,
- Basketball/Korbball,
- Schwimmen,
- Tauziehen,
- Liegestützen,
- Rudern,
- Gewichtheben,
- Aerobics,
- Klettern auf Gymnastikleitern,
- auf Händen und Knien den Fußboden aufwaschen,
- mit einem Besen fegen,
- mit einem Rechen Blätter zusammenfegen,
- Fenster putzen, besonders über Schulterhöhe,
- Gegenstände auf hohe Regale legen,
- Badewanne oder Waschbecken schrubben,
- im Garten graben,
- Wäsche aufhängen,
- große Flächen wie Zäune oder Wände anstreichen,
- Pressen von Orangen oder Zitronen,
- Spinnweben von der Zimmerdecke entfernen,
- Glühbirnen auswechseln,
- Wäsche mit der Hand waschen,
- Einkaufswagen schieben,
- Früchte pflücken.

Wenn die Krankengeschichte einer Person Angaben über Arthritis, Frakturen, Kontrakturen, Dislokationen oder Schmerzen in Armen und Händen enthält, sollte ein Therapeut konsultiert werden, bevor man mit solchen Aktivitäten beginnt.

Menschen mit Problemen bei der Bewegungsplanung könnten anfänglich Hilfe bei der Entwicklung der Bewegungsmuster benötigen, damit sie bestimmte Aktivitäten erfolgreich ausführen können. Beispielsweise stellt sich Don hinter Tom und hilft ihm beim Werfen und Fangen eines Balls, indem er seine Hände über die von Tom legt. Er kann seine Hilfe reduzieren, sobald sich Toms Fertigkeiten verbessert haben.

Verbesserung der Zeigefertigkeiten

Auch wenn uns unsere Mütter gesagt haben, dass Zeigen unhöflich ist, stimmt dies nicht immer. Zeigen ist eine nützliche Fertigkeit, besonders für Menschen mit schweren kommunikativen Beeinträchtigungen. Zeigen bietet ihnen eine effektive Möglichkeit, ihre Verbalsprache zu ergänzen. Ein Kleinkind kann auf das Spielzeug zeigen, das es möchte. Ein älteres Kind kann auf Symbole einer Kommunikationstafel zeigen, ein Teenager kann tippen.

Um effektiv mit einem Finger zeigen zu können, muss man in der Lage sein, diesen zu strecken. Normalerweise wird der Zeigefinger der rechten Hand gestreckt, während die anderen Finger zurückgehalten werden. Dies setzt eine gute Augen-Hand-Koordination voraus, damit ein Ziel getroffen werden kann.

Probleme

Die von uns beobachteten überwiegenden Probleme und einige Hilfe zur Verminderung sind:

Schwierigkeiten bei der Isolierung des Zeigefingers

Die Schwierigkeit, einen Finger auszustrecken und die anderen zurückzuhalten. Der Schüler sollte Übungen durchführen, bei denen nur ein einzelner Finger benutzt wird. Es könnte zu Beginn notwendig sein, die anderen Finger zurückzuhalten, bis es zur Gewohnheit geworden ist, den Zeigefinger gerade auszustrecken. Einige Kinder tragen einen Socken mit einem kleinen Loch, der über ihre bevorzugte Hand gezogen worden ist. Dieser Socken wird am Handgelenk fixiert, sodass nur der Zeigefinger durch das Loch gesteckt werden kann. Auf dieses Hilfsmittel sollte nur dann zurückgegriffen werden, wenn eine Kommunikationshilfe benutzt wird oder Zeigeübungen durchgeführt werden. Wenn die Isolierung des Zeigefingers sich nicht verbessert, sollte erneut ein Ergotherapeut hinzugezogen werden.

Schwäche

Die Schwierigkeit, den Zeigefinger zu versteifen und Druck auszuüben. Es sollten vorwiegend Fingerübungen durchgeführt werden, die Druck erfordern; man sollte dabei unbedingt darauf achten, dass der Finger in dem Moment gerade bleibt, in dem gedrückt wird. Schienen sollten nur als letzte Maßnahme angewendet werden, wenn Übung keine befriedigende Verbesserung bringt. Wir raten von einer frühen Anwendung von Schienen oder Fingerstützen ab, da diese Maßnahmen zu keiner Stärkung der Fingermuskulatur führen. Sie führen dagegen zu einer andauernden Abhängigkeit von diesen Hilfsmitteln und erschweren die Zurücknahme der Stützung.

Wackeln

Der Finger bewegt sich von Seite zu Seite, es ist unklar, welche Auswahl getroffen werden soll. Bei der Verwendung einer Tastatur führt dies zu Tippfehlern. Wie auch im Fall der Schwäche, sollte Übungen, die Druck erfordern, Vorrang eingeräumt werden. Es muss festgestellt werden, ob das Handgelenk und die Finger stabil sind. Oft verursacht oder verschlimmert ein lateral schwaches Handgelenk die Probleme des Fingers. In solchen Fällen sind Übungen zur Stärkung und Ausprägung der Armmuskulatur notwendig.

Schlechte Augen-Hand-Koordination

Ein Schüler trifft, ohne hinzusehen, eine Auswahl, oder er wendet den Blick vom Ziel ab. Jede Aktivität, die die Auswahl aus einer Vielzahl von Dingen erfordert, kann zur Verbesserung der Augen-Hand-Koordination beitragen. Die verwendeten Materialien sollten interessant und dem Alter angemessen sein. Für Vorschüler eignen sich Bilderbücher und einfache Puzzles, ein Schüler hat möglicherweise andere Interessen. Diese Übungen sollten Spaß machen, sie sollen auf keinen Fall ein Test sein. Es sollte nur beachtet werden, dass der Schüler hinsieht, wenn er durch Zeigen einen Auswahl trifft. Es ist dabei nicht wichtig, ob die Zeigebewegung anfänglich gemeinsam von beiden Partnern ausgeführt wird; wichtig ist, dass der Blick des Schülers auf das Ziel gerichtet bleibt.

Viele Personen haben mehr als eines dieser Probleme. Folglich müssen sie auch verschiedene Aktivitäten angehen, um möglichst alle dieser Schwierigkeiten zu vermindern. Der »Touch and Tell«, von Texas Instruments ist ein Spielzeug mit einer hellen Bildanzeige, das spricht, wenn diese Anzeige gedrückt wird. Es zu bedienen erfordert einen festen Druck, deshalb kann es für die Verminderung von Problemen wie Schwäche und Wackeln und für die Verbesserung der Augen-Hand-Koordination hilfreich sein.

Einige Aktivitäten müssen intensiver überwacht werden als andere. Es sollte aufmerksam beobachtet und sichergestellt werden, dass eine Bewegung korrekt ausgeführt wird – es ist leider auch möglich, den »Touch and Tell« mit der Faust, ohne hinzusehen, zu bedienen. Das führt natürlich nicht zu einer Verbesserung der Zeigefertigkeiten. Angeleitete Übungen, die täglich 10–20 Minuten dauern, führen gewöhnlich zu einer umgehenden Verbesserung der Stärke und Beweglichkeit der Finger.

Manchmal empfinden es Eltern oder Lehrer als einfacher, dem Schüler Schienen oder Zeigestöcke zu geben, anstatt Übungen auszuführen, die die Probleme kompensieren. Während dies vielleicht zu Anfang einfacher und schneller ist, dauert es langfristig länger. Es müssen immer wieder solche Hilfsmittel hergestellt oder es muss nach ihnen gesucht werden. Wenn wir die Fertigkeiten des Schülers verbessern, wird er davon langfristig profitieren. Wir glauben, dass es bei fast allen Menschen mit Entwicklungsbehinderungen, außer denen mit Zerebralparese und Handdeformationen, möglich ist, Zeigefertigkeiten zu entwickeln.

Wenn Schüler ihre Zeigefertigkeiten verbessert haben, ist es wichtig, die Unabhängigkeit zu steigern. Schüler könnten dazu ermutigt werden, in bestimmten Situationen unabhängig auf Lebensmittel oder Getränke zu zeigen oder bestimmte Aktivitäten auszuwählen. Der Grad der Stützung, der Schülern angeboten wird, ist nach einer Verbesserung der Zeigefertigkeiten zu reduzieren. Diejenigen, die ihren Zeigefinger isolieren können, müssen nicht an der Hand gestützt werden; trotzdem könnten sie Stützung am Handgelenk benötigen, um anderen Probleme wie etwa einen Tremor ausgleichen zu können.

Die folgende kurze Liste enthält *Aktivitäten, die die Isolationsfähigkeit der Finger fördern und den Zeigefinger stärken*. Alle diese Übungen können auch koaktiv ausgeführt werden. Es ist dabei zu beachten, daß der Schüler seine Tätigkeiten visuell verfolgt.

- Löcher in Ton-, Plastilin- oder Knetmasse stechen,
- Löcher in eine Plastikfolie, die über eine Schüssel gespannt ist, stechen,
- einen Finger in einen Luftballon drücken,
- die Fingerspitze durch Fingerfarbe oder Rasierschaum ziehen,
- Spielzeug mit Tasten oder Wählscheiben benutzen (Telefone),
- Spezialspielzeug, das Druck erfordert, um eine Auswahl zu treffen, z.B. »Touch and Tell«,
- Löcher in Blumenerde stechen, um auszusäen,

- auf Bilder oder einzelne Motive zeigen,
- Puzzlespiele
- Lotto, Domino und Kartenspiele, bei denen durch Zeigen die passenden Teile ausgewählt werden können,
- Musikinstrumente, die mit einem Finger bedient werden können,
- Bildcollagen, Auswählen der Bilder und deren Position durch Zeigen,
- Muster und Formen in Sand zeichnen.

Beachten Sie, dass alltägliche Gegenstände genutzt werden können (Toilettenspülung, Lichtschalter, Schalter an Ampeln, Tasten an Musikanlagen, Telefone, Haushaltsgeräte etc.), um durch Aktivität die Fertigkeiten des Zeigefingers zu entwickeln. Nicht nur zu diesem Zweck, sondern auch zur Verbesserung der lebenspraktischen Fertigkeiten sind solche Aktivitäten sinnvoll.

7 Reduzierung der Stützung – Steigerung der Unabhängigkeit

Das Trainingsprogramm zur Gestützten Kommunikation wird bei Menschen mit schweren Einschränkungen der kommunikativen Möglichkeiten angewendet, die zu diesem Zeitpunkt noch nicht in der Lage sind, eine Kommunikationshilfe unabhängig zu benutzen, für die aber ein unabhängiger Zugang mit Hilfe ihrer Hände ein realistisches und wünschenswertes Ziel ist. Dieses Programm ist Teil eines Prozesses und nicht in sich selbst abgeschlossen.

Benutzer von Kommunikationshilfen benötigen zu Beginn körperliche Hilfe von ihren Kommunikationspartnern, während sie spezifische Fertigkeiten erlernen, wie beispielsweise die Streckung des Zeigefingers. Sobald diese Fertigkeiten sich verbessern, sollte der empfangene Aufwand an körperlicher Stützung reduziert werden. Für den Benutzer einer Kommunikationshilfe ist es das ultimative Ziel, diese Hilfe unabhängig, ohne körperlichen Kontakt durch den Partners zu benutzen.

Dieses Ziel wird nicht immer erreicht. Es wird immer wieder Menschen geben, die mit dem Trainingsprogramm zur Gestützten Kommunikation beginnen und trotz beträchtlichen Trainings keine Unabhängigkeit erreichen. Das Programm wird auch manchmal als zu langsam und mühsam empfunden, da es die Kommunikation auch einschränken kann. Die Kommunikationsstrategien dieser Menschen müssen dann neu überdacht werden. Ihnen könnte ein indirekter Zugang ermöglicht werden (Benutzung eines Scanningsystems), oder sie könnten weiter einen direkten Zugang in einem anderen Modus benutzen (eine Auswahl durch Blicke treffen). Man könnte sich auch für weitere Stützung entscheiden, möglicherweise kann dennoch in einigen Situationen unabhängig agiert werden.* Diese Benutzer sind jedoch in der Minderheit. Es sollte zu Beginn des Trainingsprogramms grundsätzlich angenommen werden, dass dem Benutzer eventuell eine unabhängiger Zugang zu einer Kommunikationshilfe ermöglicht werden kann.

Um sicherzustellen, dass der Benutzer nicht zu abhängig von seinen Stützern wird, ist es wichtig, dass sich alle Stützer von Beginn an bewusst sind, dass das Ziel Unabhängigkeit ist. Es ist ebenso von großer Wichtigkeit, den Grad der Stützung zurückzunehmen zu versuchen, sobald jemand eine Kommunikationshilfe erfolgreich benutzt.

Der erste Schritt zur Reduzierung der Abhängigkeit ist, nur so viel Stützung zu geben, wie es für eine erfolgreiche Kommunikation notwendig ist. Ein zweiter Schritt ist, dafür Sorge zu tragen, dass der Benutzer mit so vielen verschiedenen Partnern wie möglich arbeitet. Um die Unterstützung erfolgreich zurückzunehmen, ist es notwendig zu wissen, welche Probleme vorliegen, die eine Stützung zu Beginn erforderlich machten.**

Einigen Problemen wird allein durch den Prozess der Stützung abgeholfen. Beispielsweise verbessert sich die Augen-Hand-Koordination umgehend, wenn der Stützer sich weigert, dem Benutzer eine Auswahl zu erlauben, bis dieser auf seine Kommunikationshilfe schaut. In diesem Fall ist es für den Stützer relativ einfach, eine Verbesserung zu beobachten. Der Stützer notiert über einen Zeitraum von fünf Minuten, wie oft der Benutzer erinnert werden muss, bis er auf die Aufgabe schaut. Sobald der Benutzer so routiniert ist, dass er fünf Minuten ohne eine Erinnerung arbeitet, sollte der körperliche Kontakt so schnell wie möglich zurückgenommen werden,

* Menschen, die keine großen Anzeigen oder keine Tastaturen ohne Stützung bedienen können, können vielleicht eine kleine Anzahl von Auswahlmöglichkeiten unabhängig erreichen. Hier sollte weitere Förderung ansetzen, die zum einen zu einer unabhängigen Benutzung einer größeren Anzeige führen soll, zum anderen unmittelbar eine weitere Möglichkeit zur Kommunikation eröffnet. Die Fähigkeit, unabhängig auf »Ja« oder »Nein« zu zeigen, kann dazu genutzt werden, um Informationen, die mit Hilfe Gestützter Kommunikation zustande gekommen sind, zu verifizieren.

** Wenn irgendein Zweifel besteht, sollte Kontakt zu der Einrichtung aufgenommen werden, in der die Gestützte Kommunikation angebahnt wurde.

ohne dabei einen Rückschlag zu verursachen. Anfänglich könnte es dann nach dieser Rücknahme notwendig sein, den Benutzer verbal aufzufordern.

Andere Probleme erfordern unter Umständen spezielle Strategien oder Therapien, die zusätzlich zu den eigentlichen Kommunikationssitzungen durchgeführt werden. Niedriger Muskeltonus und schwache Finger erfordern spezielle Übungen. Diese Übungen und deren Abwandlungen in alltäglichen Aktivitäten können die Muskulatur aufbauen. Einige Hilfenbenutzer, die Schwierigkeiten haben, den Zeigefinger zu isolieren, könnten in der Lage sein, ohne Handunterstützung zu tippen, wenn sie einen Stift in der Handfläche halten, den sie mit den anderen Fingern umklammern. Für Personen, die an einer Perseveration leiden kann es hilfreich sein, wenn sie lernen, nach dem Tippen eines einzelnen Buchstabens auf einen bestimmten Punkt zu drücken.*

Andere Faktoren können ebenso die Unabhängigkeit beeinflussen. Einige Personen haben einen variablen Muskeltonus, sie sind in der Lage, an bestimmten Tagen unabhängig zu tippen. Andere sind in ihrer häuslichen Umgebung unabhängig, in der Öffentlichkeit werden sie aber nervös und suchen nach Unterstützung. Es ist wichtig, die zeitweilige Unterstützung in dem Moment zu geben, in dem sie benötigt wird. Ein Mensch hat auch in diesen Situationen das Recht zu kommunizieren, und seine Nervosität kann durch eine Steigerung von Selbstvertrauen abgebaut werden. Dies ist aber unwahrscheinlich, wenn die Person Misserfolge in der Kommunikation erlebt oder jedes Mal frustriert ist, wenn sie in der Öffentlichkeit ist.

Die Umwelt ist ein wichtiger Faktor für die Unabhängigkeit. Einer Person mit Tremor wird nicht geholfen, wenn sie auf einem Stuhl sitzen muss, der es ihr unmöglich macht, mit den Füßen den Boden zu erreichen. Für eine Person mit niedrigem Muskeltonus ist es wahrscheinlicher, Unabhängigkeit zu errei-

* Die individuellen Bedürfnisse sind unterschiedlich, sodass die erforderlichen Methoden variieren werden. Auch hier sollte Kontakt zu der Einrichtung oder der Person aufgenommen werden, die das Trainingsprogramm eingerichtet hat.

chen, wenn das Kommunikationsmedium so tief wie möglich positioniert wird, um die Anhebung gegen die Schwerkraft zu minimieren. Jemand, der leicht ablenkbar ist, wird weniger Aufforderungen benötigen, wenn er mit dem Gesicht zur Wand anstatt zu einem geschäftigen Flur sitzt.

Es gibt ein Kontinuum in den Stützungsmaßnahmen, die im Groben durchlaufen werden. Einige dieser Stufen sind in den Abbildungen 3–10 (S. 94ff.) dargestellt:

- Halten der Hand,
- Rohr (Benutzer hält ein Rohr, während der Stützer das andere Ende hält),
- Handgelenkunterstützung,
- Unterarmunterstützung,
- Ärmel- oder Ellbogenunterstützung,
- Oberarmunterstützung,
- Schulterdruck,
- Schulterberührung,
- Kontakt mit einem anderen Körperteil*,
- unabhängiger Zugang.

Jede Person, die mit dem Trainingsprogramm zur Gestützten Kommunikation beginnt, benötigt eine anderen Grad an Unterstützung. Es ist wichtig, dass jeder, der mit einer Person arbeitet, sich der speziellen Bedürfnisse bezüglich der Unterstützung bewusst ist und niemand mehr Unterstützung gibt, als notwendig ist. Wo mit mehreren Kommunikationshilfenbenutzern gearbeitet wird, ist es verständlich, dass die Mitarbeiter, die stützen, den kleinsten gemeinsamen Nenner suchen, indem sie allen Auszubildenden den Grad an Stützung anbieten, den der am meisten Abhängige benötigt, weil dies den Erfolg mit allen garantiert. Eine solche Vorgehensweise führt zu einer andauernden Abhängigkeit. Wenn die Rücknahme der Stützung erfolgreich sein soll, muss sie individuell ausgerichtet und

* Dies kann aus emotionalen Gründen, aus Gründen der Verbesserung der kinästhetischen Rückmeldung und aus Gründen der Disziplin notwendig sein. Besonders einigen Menschen mit Autismus fällt es schwer, ohne fühlbare Erinnerung die Konzentration auf eine Aufgabe aufrechtzuerhalten.

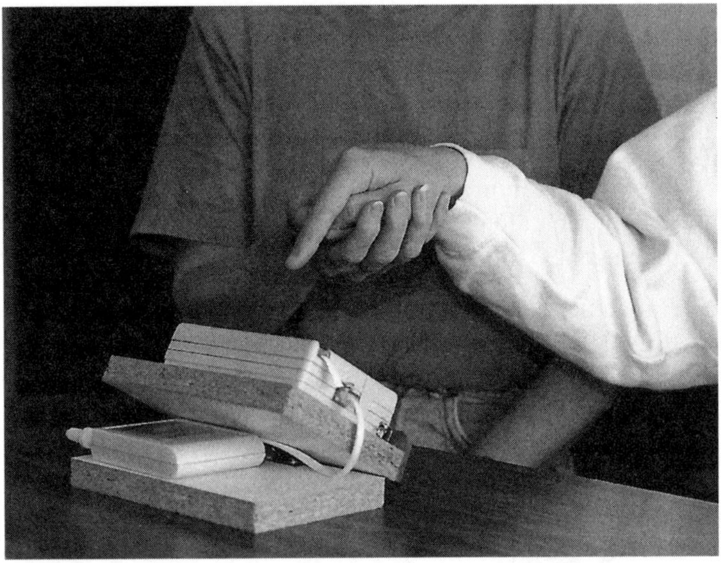

Abb. 3: Formung der Hand, um eine Isolierung des Zeigefingers zu erreichen

Abb. 4: Stützung unter Verwendung eines Rohrs

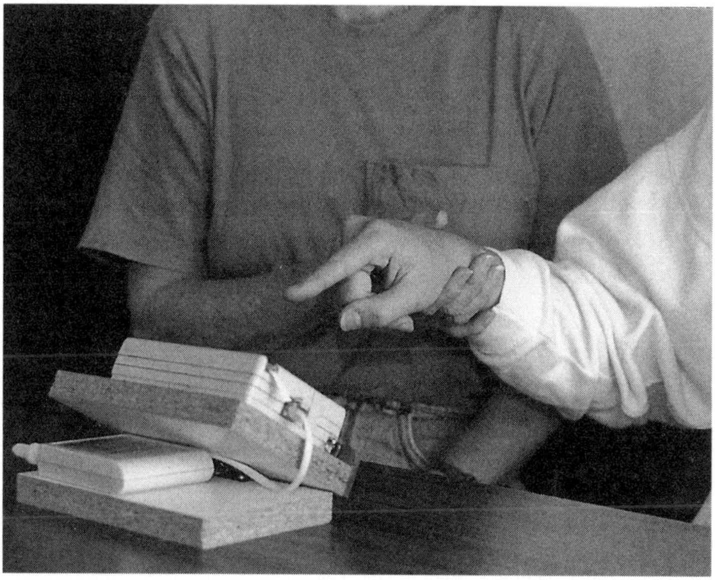

Abb. 5: Stützung des Handgelenks

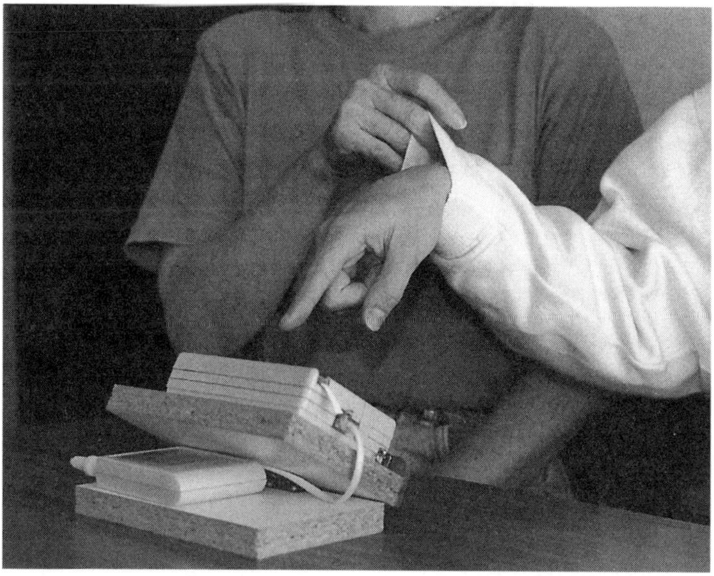

Abb. 6: Stützung am Ärmel

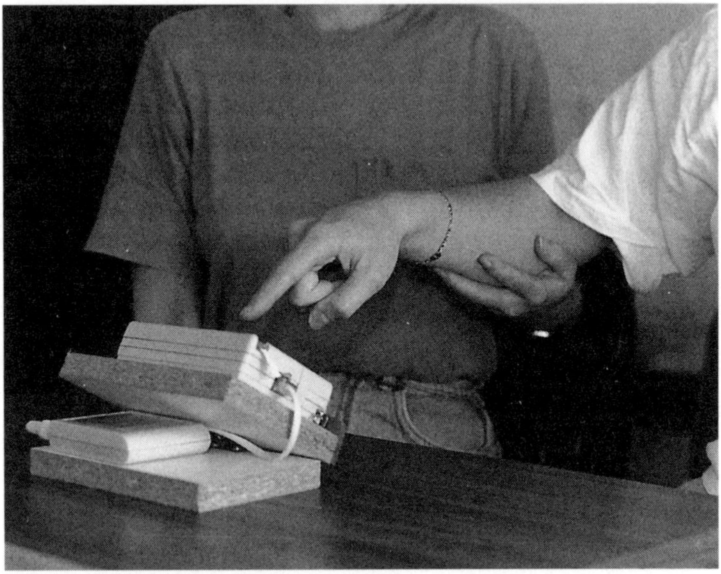

Abb. 7: Stützung am Ellbogen

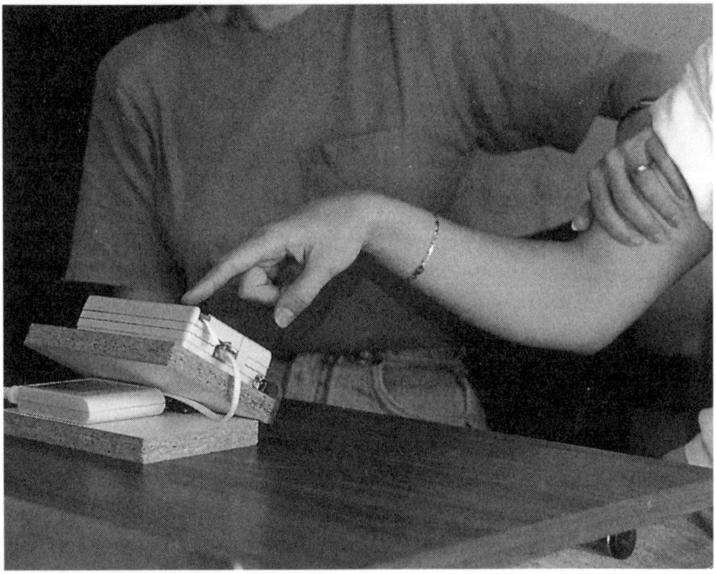

Abb. 8: Druck auf den Oberarm

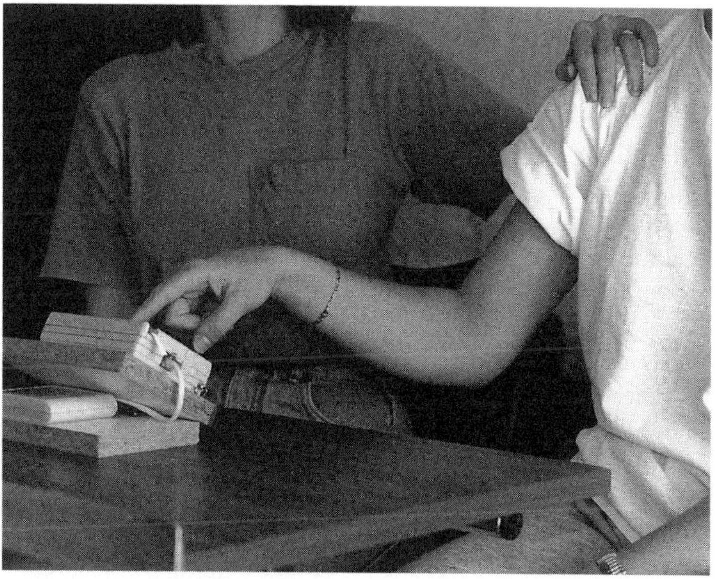

Abb. 9: Druck auf die Schulter

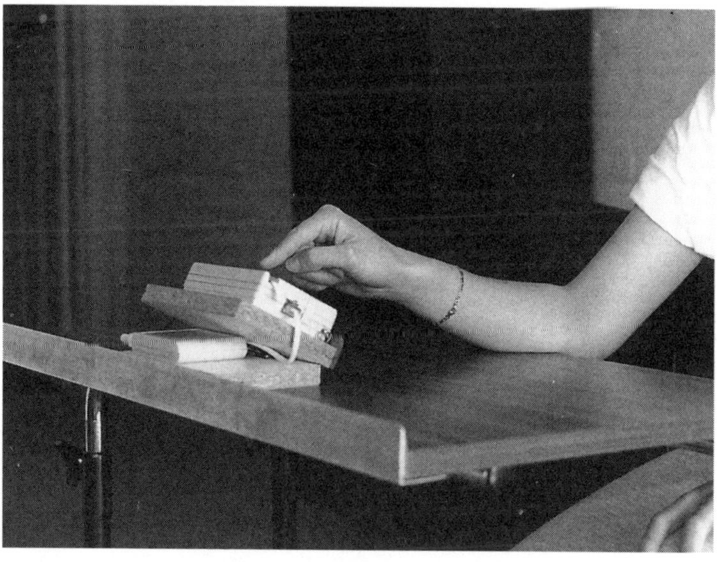

Abb. 10: Unabhängige Benutzung einer Kommunikationshilfe, Auflegen des Ellbogens auf die Tischplatte

konstant umgesetzt werden; es ist deshalb mit einem individuellen Grad an Stützung zu beginnen.

Abhängigkeit kann auch durch die Kommunikationshilfe und deren Position bedingt sein. Viele Personen mit niedrigem Muskeltonus sind sofort unabhängiger, wenn sie aufrecht stehen und ihren Arm nicht gegen die Schwerkraft anheben müssen. Sie könnten unabhängig sein, wenn sie Hilfen mit kleinen Tastaturen (Canon Communicator) benutzten, während die größere Tastatur einer Schreibmaschine oder eines Computers etwas mehr Unterstützung erforderlich macht. Es gibt auch Personen, die ohne körperlichen Kontakt tippen können, wenn ihr Partner die Kommunikationshilfe niedrig hält (in diesen Situationen kann durch die Beteiligung des Partners auch emotionale Unterstützung und Ermutigung eingebracht werden).

Ein unabhängiger Zugang zu einer Kommunikationshilfe ist lohnend. Auch eine situative Unabhängigkeit ist nützlich, sie kann für eine Validierung der Kommunikationsfertigkeiten einer Person genutzt werden. Das ultimative Ziel ist die Unabhängigkeit, die einen möglichst angenehmen Umgang mit der Kommunikationshilfe erlaubt. In der Hauptsache wird dies durch eine angemessene Position der Person an einem Tisch erreicht. Dementsprechend ist es während der Phase der Reduzierung der Unterstützung wichtig, auf jeder Stufe festzuhalten, welche Kommunikationshilfen benutzt werden und wie die Position dieser Hilfen und die Position der Benutzer ist, z.B. »Schulterberührung, Sitzposition mit tief gehaltenem Canon«, sodass sinnvolle Vergleiche gezogen und eine Bewertung des Fortschritts gemacht werden können. Um einen Fortschritt bei der Steigerung der Unabhängigkeit beobachten zu können, ist es von äußerster Wichtigkeit, eine vollständige Dokumentation zu erstellen. Diese Aufzeichnungen ermutigen nicht nur zu einer Aufrechterhaltung der Kontinuität eines Programms, sondern erleichtern auch die Ausrichtung der Förderung an Stärken und Schwächen.

Das Ziel eines jeden augmentativen Kommunikationsprogramms ist es, dem Auszubildenden eine möglichst flüssige und unabhängige Kommunikationsmöglichkeit zu schaffen. Eine Reduktion der Unterstützung geht anfänglich oft mit einem Verlust an Präzision und Geschwindigkeit einher. Es ist wichtig, sicherzustellen, dass die Auszubildenden das Ziel des Programms verstehen. Sie sollten nie das Gefühl haben, dass Zurücknahme ein Test ist, den sie nicht bestehen, wenn diese Maßnahme nicht umgehend erfolgreich ist. Jane hat beispielsweise einen niedrigen Muskeltonus. Sie tippt kurze Sätze nur mit einer Berührung an der Schulter. Sie ermüdet dann schnell und beginnt viele Fehler zu machen. In diesen Situationen bietet ihr Stützer mehr Stützung an, sodass sie zu Ende bringen kann, was sie sagen wollte. Bei jeder Abnahme von Stützung sollte der Hilfenbenutzer wissen, daß seine Kommunikationsmöglichkeit immer aufrecht erhalten wird.

Unabhängige Kommunikation ist die beste Kommunikation, aber selbst die schlechteste Art der Kommunikation ist besser als keine. Unabhängigkeit ist eine wertvolle Eigenschaft; Kommunikation aber ist ein Menschenrecht.

Tabelle 1 und 2 (S. 100f.) sind Modellformulare, eines zum individuellen Gebrauch für Stützer und eines für Institutionen wie Schulen, Werkstätten oder Wohnheime, in denen die Leistungen mit verschiedenen Stützern dokumentiert werden müssen. Das individuelle Formular sollte entweder nach jeder Sitzung oder in bestimmten Sitzungen wöchentlich ausgefüllt werden. Das Gruppenformular ist mindestens monatlich auszufüllen. Einige Institutionen greifen in Mitarbeiterbesprechungen auf Mappen zurück, die für jede Person, die Stützung benötigt, ein entsprechendes Formular enthält. Eine für die Kommunikationsprogramme verantwortliche Person sollte die neueren Formulare sichten, um Tendenzen zu erkennen, sodass Lücken oder Diskrepanzen untersucht werden können. Zum Beispiel ergeben sich aus einem Formular folgende Fragen: Wenn Joe seine Hilfe nur mit Schulterdruck von Kaye benutzt, warum haben dann andere Stützer ihre Unterstützung nicht reduziert? Warum hat Hedda seit zwei Monaten keine Gelegenheit gehabt, mit Joe zu sprechen? Wie können wir die gleichbleibende Anzahl der Partner bei Joe steigern?

Tabelle 1: **Individuelles Stützer-Benutzer-Protokoll** +

***Hilfenbenutzer:* X** ***Stützer:* Y**

Datum	**Grad an Stützung**	**Gerät**	**Position des Benutzers**	**Position der Kommunikationshife**	**Aufgabe**
3.2.92	3	Canon	Sitzend	Tisch	Einfügung von Buchstaben
10.2.92	3	"	"	"	Vervollständigung von Sätzen
17.2.92	3	"	"	"	Zwischentext
24.2.92	4	"	"	"	Einfügung von Buchstaben
3.3.92	4	"	"	"	Unterhaltung
10.3.92	3	Schreibmaschine	"	"	Einfügen von Buchstaben
17.3.92	4	Canon	"	"	Verschiedene Übungen
24.3.92	6 (Druck)	"	"	Tiefgehaltener Canon	Vervollständigung von Sätzen
7.4.92	5	"	"	Tisch	Zwischentext
14.4.92	5	"	"	"	Gespräch

Es sollte der Umfang an Stützung eingetragen werden, der für ein erfolgreiches Arbeiten in einer Sitzung notwendig war.

Benötigte Stützung

1 Formen der Hand
2 Rohr
3 Unterstützung des Handgelenks
4 Unterstützung des Unterarms
5 Unterstützung des Ellbogens oder Halten des Ärmels
6 Schulterdruck oder Berührung
7 Anderer Körperkontakt
8 Kein Körperkontakt
X Kein Erfolg

Tabelle 2: **Gesamtprotokoll**

Einrichtung:

Schüler:

Datum / Mitarbeiter	9/8	3/9	25/10	29/11		
A	3	3	6	6		
B	"	"	"	"		
C	3	3	3	3		
D	"	"	"	"		
E	3	3	X	3		
F	"	"	"	"		
G	"	"	"	"		
H	"	"	"	"		
I	"	3	X	3		
J	"	"	"	"		
K	5	5	"	"		
L	"	"	"	"		

Es sollte der Umfang an Stützung eingtragen werden, der für ein erfolgreiches Arbeiten in einer Sitzung notwendig war.

Benötigte Stützung

1 Formen der Hand
2 Rohr
3 Unterstützung des Handgelenks
4 Unterstützung des Unterarms
5 Unterstützung des Ellbogens oder Halten des Ärmels
6 Schulterdruck oder Berührung
7 Anderer Körperkontakt
8 Kein Körperkontakt
X Kein Erfolg

8 Wortfindungsstörungen

Was ist eine Wortfindungsstörung?

Eine Wortfindungsstörung kann sich durch die Unfähigkeit zeigen, bekannte Gegenstände oder Personen zu benennen oder sich an deren Namen zu erinnern. Manchmal wird ein falsches Wort gesagt; manchmal wird auch einfach geschwiegen. Das Problem lässt sich wie folgt darstellen: Jemand geht in eine Vorratskammer, um ein Glas Honig zu holen. Statt dessen nimmt er ein Glas Marmelade oder erscheint mit leeren Händen.

Wir alle machen manchmal diese Erfahrung. In der Schlange im Supermarkt steht man plötzlich neben dem Lehrer seines Kindes aus dem letzten Schuljahr. »Oh«, sagt man, »wie schön sie zu treffen, Herr äh …« Wenn man dann nach Hause kommt, erinnert man sich an den Namen.

Man schätzt sich selbst als relativ intelligent ein. Es ist aber für jeden schwierig, eine Frage in einer Quiz-Show vor Zuschauern zu beantworten und vorher noch einen Schalter mit einem Summer zu drücken. Wenn sie in diesem Augenblick nach dem Namen ihres Nachbarn gefragt werden, ist es möglich, dass dieser ihnen nicht einfällt.

Können sie sich vorstellen wie es ist, wenn diese Störung immer gegenwärtig ist?

Warum tritt diese Störung auf?

Der Gebrauch von Sprache erfordert, dass verschiedene Bereiche des Gehirns zusammenwirken. Sind einige Funktionen oder Bereiche in ihrer Entwicklung beeinträchtigt oder beschädigt, kann dies die unproblematische Produktion von Sprache stören. Der Begriff »expressive Aphasie« (oder Dysphasie) kann auf Personen mit Wortfindngsproblemen bezogen werden.

Es wird angenommen, dass geschriebene und gesprochene Sprache auf verschiedenen Pfaden verlaufen, die unterschiedlich stark ausgeprägt sind.

Ein Modus kann stärker betroffen sein als ein anderer, vielleicht kann ein Wort einfacher visuell als auditiv abgerufen (oder umgekehrt) und einfacher geschrieben als gesprochen werden. Wörter können möglicherweise einfacher hervorgerufen werden, wenn dies automatisch beim Singen eines Liedes, Grüßen oder Fluchen geschieht, als wenn jemand einen bewussten Versuch unternimmt, sich zu erinnern, da verschiedene Pfade im Gehirn für automatische und geplante Sprache benutzt werden.

Es soll betont werden, daß Wortfindungsstörungen nicht zwangsläufig das Verstehen oder Verarbeiten von gesprochenem oder geschriebenem Material beeinflussen.

Welche Wörter sind besonders schwierig zu finden?

Die wohl am häufigsten betroffenen Wörter sind Substantive, besonders konktrete Begriffe, während die Problematik bei Adjektiven nicht so offensichtlich ist, da diese sich einfacher ersetzen lassen. Wenn jemand sagen möchte, dass ein Lastwagen »groß« ist, wird der Satz verändert, indem man sagt, dass der Lastwagen »riesig« oder »gigantisch« ist. Es ist nicht so einfach, eine Veränderung vorzunehmen, wenn man gefragt wird, an welchem Tag man im Schwimmbad gewesen ist und man das Wort »Mittwoch« nicht abrufen kann. Nun steht man vor der Alternative: Keine Antwort impliziert, dass die Frage nicht verstanden wurde; sagt man »Donnerstag«, kann man nur hoffen, dass die Antwort ohnehin nicht wichtig ist. Selbst »Ja« und »Nein« können problematisch sein, wenn jemand »Nein« sagt, obwohl er »Ja« meint (oder umgekehrt).

Gibt es allgemeine Fehlermuster?

Ja, hier sind die häufigsten:

- *Assoziative.* Ein Anker wird als Haken bezeichnet, basierend auf einer optischen Ähnlichkeit.
- *Phonetische.* Haus an Stelle von Maus.
- *Kategorische.* Benutzen eines Wortes aus der gleichen Kategorie, Erbse für Bohne oder Sydney für Melbourne.
- *Funktionelle.* »Essen« für Gabel oder »Haare machen« für Kamm.
- *Echolalie.* Wie eine gesprungene Schallplatte wird so lange ein Wort wiederholt, bis das korrekte gefunden ist; es werden verschiedene Fragen mit derselben Antwort beantwortet; es werden die Fragen wiederholt, anstatt zu antworten.

Wie gehen Menschen mit Wortfindungsstörungen um?

Die Leidenden

Häufig antworten Menschen mit Wortfindungsstörungen nicht auf Fragen, manchmal aus Angst, das falsche Wort oder »Ich weiß nicht« zu sagen. Die Antwort »Ich weiß es, kann es aber nicht sagen« würde eher der Situation entsprechen. Um nicht unhöfflich zu erscheinen, werden auch inkorrekte Antworten gegeben, bevor vollkommen geschwiegen wird. Manche Personen sagen dann ein falsches Wort, es ist ihnen hinterher aber peinlich, sich zu korrigieren. Selbst dann, wenn sie wissen, dass das ausgesprochene Wort falsch ist, sind sie manchmal nicht in der Lage, das entsprechende Wort zu finden. Wenn diese Problematik schwer wiegend ist, wird es für diese Menschen unmöglich sein, es zu erklären. Wir haben Möglichkeiten, uns auszudrücken wie »Mir kommt das Gesicht bekannt vor, mir fällt aber der Name nicht ein« oder »Einen Moment, ich muss nachdenken«, auf die Menschen mit schweren Wortfindungsstörungen nicht zurückgreifen können.

Wenn die Art dieser Störung nicht erkannt wird, denkt der Zuhörer, dass sein Gegenüber unkooperativ, taub oder nicht in der Lage ist zu verstehen.

Wortfindungsstörungen und deren Ursachen werden selbst von Fachleuten nicht vollkommen verstanden. Wir gehen normalerweise davon aus, dass die Verbalsprache die Gedanken eines Menschen reflektiert. Für die überwiegende Mehrheit der Menschen trifft dies auch zu. Es ist für uns aber schwer, die Schwierigkeiten der Menschen nachzuvollziehen, bei denen das nicht so ist. Wenn jemand eine »unberechenbare« Verbalsprache hat, kann das mehr Probleme verursachen, als wenn er gar keine hätte. Sallys Lehrer bestrafte sie jedes Mal für ihre Sturheit, wenn sie eine Frage nicht beantworten konnte. Natürlich wurde durch die so verursachte Anspannung das Problem nur verschlimmert. John hatte Schweirigkeiten mit »Ja« und »Nein«. Seine Lehrer beschlossen, dass der Weg, ihn zu unterrichten, daraus bestehen würde, so auf seine Antworten zu reagieren, als ob er sie so gemeint hätte. John verpasste viele Dinge, da er »Nein« sagte, wenn er »Ja« meinte. Es überrascht nicht, dass sein Verhalten immer problematischer wurde.

Was ist zu tun?

- Schaffe ein unterstützendes, unkritisches Umfeld. Versichere der Person, dass das Problem erkannt wurde.
- Räume Gelegenheiten zur Korrektur ein. Frage: »Hast du das gemeint?« oder »Bist du sicher?«
- Biete alternative Kommunikationsmöglichkeiten an. Manche Menschen können anstelle der Verbalsprache buchstabieren. Ein anderer Modus ist vielleicht deshalb hilfreich, weil er langsamer und weniger automatisch ist. Die Schwierigkeit mag zwar während des Tippens immer noch vorhanden sein, normalerweise aber in verminderter Form. Forde-

re solche Personen auf, während sie tippen, nicht zu sprechen. Tippen ist möglicherweise Erfolg versprechender, als mit der Hand zu schreiben, da bei Menschen mit Wortfindungsstörungen ebenfalls Schwierigkeiten im Bereich der Bewegungserinnerung und -planung vorliegen könnten, die ihre Möglichkeiten, mit der Hand zu schreiben, einschränken. Ein Arbeitsblatt (S. 108) veranschaulicht dieses Phänomen.

- Verwende Strategien, die Verbalsprache unterstützen. Wenn man weiß, welches Wort gesagt werden soll, kann man eine Hilfe geben. Wenn das Wort beispielsweise »Stuhl« ist, könnte man sagen: »Es hat vier Beine, und man sitzt darauf.« Ein korrekte Antwort kann auch »geführt« werden, indem man vorgibt: »Du sitzt auf dem …« oder »Du sitzt auf dem St…« Assoziationen können ebenfalls hilfreich sein: »Tisch und …« Alle diese Strategien wären für Sally und John hilfreich gewesen.
- Ist eine Person sehr erregt, warte ab, bis sie wieder entspannt ist.
- Gib Alternativen vor oder mache Vorschläge, wenn eine Person einen Eigennamen nicht hervorbringen kann.
- Wenn jemand ein bestimmtes Wort unbedingt hervorbringen will, kommt es vor, dass stattdessen irgend ein anderes Wort gesagt wird. Räume Gelegenheiten zur Überprüfung und Korrektur ein.
- Lies die bereits getippten Wörter eines Satzes vor, wenn eine Person ein Wort innerhalb eines Satzes nicht findet.

Vor allem Lehrer sollten nochmals daran erinnert werden, dass die Einschätzung von Fähigkeiten auf der Basis der Verbalsprache für Menschen mit Wortfindungsstörungen keine geeigneter Ansatz ist. Einige Kinder mit relativ leichten Wortfindungsstörungen können präzise laut lesen, da sie durch die geschriebenen Wörter geführt und so ihre Schwierigkeiten überwunden werden können. Kinder mit größeren Schwierigkeiten können dies nicht, obgleich ihr Verständnis dadurch nicht eingeschränkt ist.

Wenn ein Kind schreibt, ist das Problem möglicherweise geringer, als wenn es spricht. Wenn ein Kind nach der Hauptstadt Australiens gefragt wird, sagt es vielleicht »Melbourne«, tippt aber »Canberra«. In anderen Fällen ist geschriebene Sprache im gleichen Maße betroffen wie Verbalsprache; hier würden Multiplechoise-Aufgaben die besten Aussichten auf einen Erfolg ermöglichen. Linda konnte die Hauptstadt Victorias weder nennen noch aufschreiben. Aus einer Liste von Hauptstädten verschiedener Staaten wählte sie aber korrekt Melbourne aus.

Ein Mangel an Selbstvertrauen ist bei Menschen mit erheblichen Wortfindungsstörungen verständlicherweise eine häufige Sekundärerscheinung. Man versuche sich vorzustellen, wie es sein könnte, wenn man konstant unsicher ist, was bei dem Versuch zu sprechen herauskommen könnte. Um dem entgegenzutreten, ist es wichtig, dass die Menschen in der Umgebung einer Person über deren Schwierigkeiten informiert sind. Es sollte jeder Versuch unternommen werden, eine Interaktion mit einem Erfolgserlebnis enden zu lassen.

Menschen mit Wortfindungsstörungen sollten professionelle Hilfe in Anspruch nehmen können. Logopäden können Hilfen vorschlagen, die das Übermitteln von Nachrichten erleichtern. Führung durch das Vorsagen des ersten Buchstabens eines Wortes (wenn es bekannt ist) ist nur eine Möglichkeit von vielen. Auch können Bücher mit Wörtern oder Bildern zur eigenständigen Führung benutzt werden. Schließlich stellt auch das Angebot einer augmentativen Strategie eine weitere Möglichkeit zur Überwindung von Wortfindungsstörungen dar.

Das folgende Arbeitsblatt wurde von einer Schülerin auf drei verschiedenen Arten bearbeitet – durch Verbalsprache, Handschrift und durch TIPPEN. Ihre gesprochenen Antworten offenbaren Wortfindungsstörungen, ihre Handschrift zeigt die Auswirkungen ihrer Bewegungsplanungs- und -erinnerungsprobleme. Ihr gutes Sprachverständnis und Ausdrucksvermögen kann sie weder durch Verbalsprache noch durch Handschrift offenbaren. Nur wenn die motorischen Anforderungen durch die Benutzung einer Schreibmaschine reduziert werden, werden ihre tatsächlichen Fähigkeiten sichtbar.

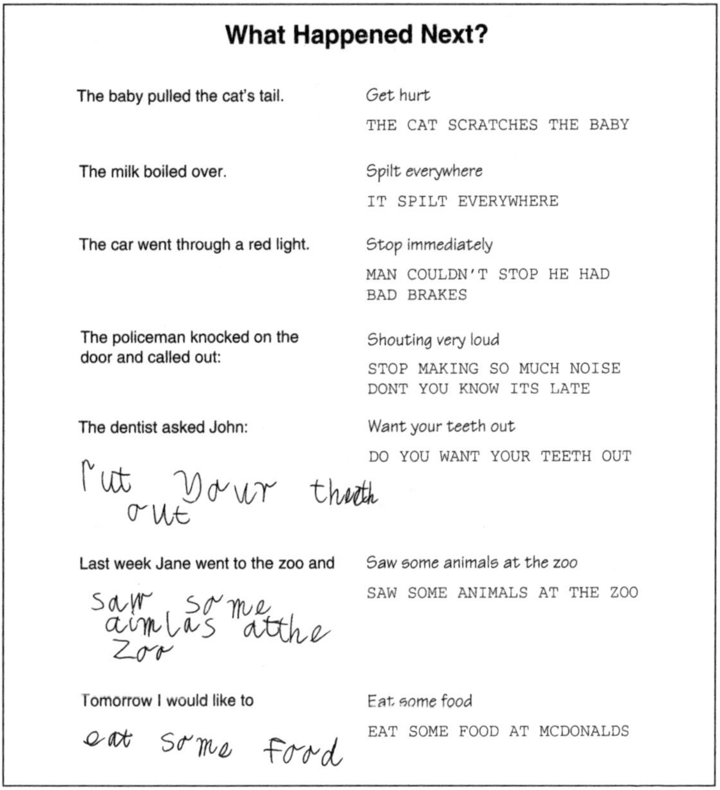

What Happened Next?

The baby pulled the cat's tail.

Get hurt

THE CAT SCRATCHES THE BABY

The milk boiled over.

Spilt everywhere

IT SPILT EVERYWHERE

The car went through a red light.

Stop immediately

MAN COULDN'T STOP HE HAD BAD BRAKES

The policeman knocked on the door and called out:

Shouting very loud

STOP MAKING SO MUCH NOISE DONT YOU KNOW ITS LATE

The dentist asked John:

Want your teeth out

DO YOU WANT YOUR TEETH OUT

Put out Your theeth

Last week Jane went to the zoo and

Saw some animals at the zoo

SAW SOME ANIMALS AT THE ZOO

saw some aimlas atthe Zoo

Tomorrow I would like to

Eat some food

EAT SOME FOOD AT MCDONALDS

eat some Food

Abb. 11: Vergleich von gesprochenen, geschriebenen und getippten Antworten

9 Beurteilung der Möglichkeiten von Menschen mit schweren kommunikativen Beeinträchtigungen

Menschen mit schweren kommunikativen Beeinträchtigungen werden oft im Hinblick auf ihre kognitiven und intellektuellen Möglichkeiten von Psychologen oder Lehrern beurteilt, die die Art ihrer neuromotorischen Beeinträchtigung und deren Auswirkungen auf die Beurteilung nicht kennen. Unglücklicherweise sind vielen Menschen mit schweren kommunikativen Beeinträchtigungen eine angemessene Therapie und der damit verbundene Zugang zu Bildungsmöglichkeiten versagt worden, da eine Beurteilung auf der Basis unangemessener Teststrategien aufzuzeigen schien, dass eine so starke geistige Behinderung vorläge, die den Nutzen einer Förderung einschränken würde.

Eine präzise Beurteilung von Menschen mit schweren kommunikativen Beeinträchtigungen ist alles andere als einfach. Es mag Menschen geben, für die keine valide Möglichkeit zur Einschätzung gefunden werden kann. Es wird aber auch Menschen geben, die ein entsprechendes Training oder Geräte benötigen, bevor sie angemessen beurteilt werden können. Diesen Menschen sollte unvoreingenommen ein Zugang zu diesen Ressourcen gewährt werden. Der Begriff »nicht beurteilbar« sollte im wahrsten Sinne des Wortes und nicht als Synonym für starke geistige Behinderung verstanden werden. Wir alle haben den Menschen gegenüber, die wir beurteilen sollen, eine Verpflichtung. Wir müssen sicherzustellen, dass unsere Tests fair sind und auch das testen, was sie vorgeben zu testen – das bedeutet, dass ein Test zum Wortschatz ausschließlich ein Test zum Wortschatz ist und nicht ein Test für visuelle oder manuelle Fertigkeiten.

Auswahl der Testmaterialien und Strategien

Die Auswahl einer angemessenen Test- oder Beurteilungsstrategie für Menschen mit schweren kommunikativen Beeinträchtigungen ist nicht einfach. Wie bei allen Tests ist eine Entscheidung darüber zu treffen, was und warum getestet werden soll. Ein standardisierter IQ-Test trägt nur wenig zu der Ermittlung bei, ob jemand unabhängig zu leben in der Lage sein wird. Wenn dies ermittelt werden soll, ist es angemessen, dass die notwendige Information durch eine vollständige Bestandsaufnahme der Fertigkeiten gewonnen wird.

Die Vorgehensweise muss dem Alter der Person und ihrer Behinderung angemessen sein. Entwicklungstests zur Reihenuntersuchung, wie der Denver oder Bayley (S. 198), mit denen eigentlich Kinder ohne wesentliche Beeinträchtigungen auf Anzeichen für eine Entwicklungsverzögerung untersucht werden sollen, werden manchmal unangebracht bei älteren Menschen mit schweren oder mehrfachen Behinderungen angewendet. Die Ergebnisse werden dann fälschlicherweise so interpretiert, als würden sie ein geistiges Alter anzeigen. Ein Kinderarzt benutze die Denver Developmental Scale, um Anne McDonald, eine 17 Jahre alte Tetraplegikerin, zu beurteilen. Sie versagte bei dem Versuch, einen vor ihr hängenden Plastikring zu greifen. Daraufhin bescheinigte man ihr eine mentales Alter von sechs Monaten. Neben der Ignorierung ihrer Tetraplegie hatte der Arzt auch nicht berücksichtigt, dass selbst »normale« Teenager nicht nach Plastikringen greifen.

Es ist notwendig, eine Kommunikationshinderung aus Tests über Verständnis, Wissen oder kognitive Prozesse herauszuhalten. Ein normaler Lesetest wird zu einem Test für Verbalsprache, wenn er lautes Lesen von einem Schüler verlangt, dessen Verbalsprache schwer eingeschränkt ist. Das Ziel ist, eine Möglichkeit zur Beurteilung der gewünschten Fertigkeit zu finden, die keine Antworten erfordert, die von einem Menschen mit schweren kommunikativen Beeinträchtigungen nur schwer oder nicht gegeben werden können. Im Falle des Lesens sind Verständnistests mit Multiplechoice-Antworten angemessen, sofern der Schüler über die entsprechenden Zeigefertigkeiten verfügt.

Mündliche Antworten

Die Leistungen in Testverfahren, die verbale Antworten erfordern, werden durch Beeinträchtigungen der Verbalsprache negativ beeinflusst. Es ist dann wahrscheinlich, dass die tatsächliche Kapazität einer Person zu niedrig eingeschätzt wird. Menschen, die aufgrund von Wortfindungsstörungen, Aphasie oder Dispraxie über eine »unzuverlässige« Verbalsprache verfügen, haben hier spezielle Schwierigkeiten. Diese können dazu führen, dass die wahre Natur der Einschränkung von dem Tester nicht erkannt wird. Obwohl eine Person mit Wortfindungsstörungen oder Aphasie die richtige Antwort kennt, könnte sie eine falsche Antwort geben, indem sie ein verwandtes Wort benutzt. Es ist nicht überraschend, wenn eine solche Person mit einem solchen Problem sich generell weigert, auf Fragen zu antworten. Das Ausbleiben von Antworten wird dann ebenso wie die sporadischen Antworten von Menschen mit Dyspraxie irrtümlich mit Sturheit oder Ignoranz erklärt.

Manche Menschen mit Wortfindungsstörungen können flüssiger laut lesen als spontan sprechen, da das geschriebene Wort ihre Verbalsprache leitet. Anderen hilft das geschriebene Wort nicht; sie können zwar verstehen, sie sind aber nicht in der Lage, das Wort auszusprechen, und benutzen dann einen unpassenden Begriff oder entscheiden sich zu schweigen.

Echolalie kann eine Form einer Wortfindungsstörung sein, bei der jemand das letzte Wort oder die letzten Wörter wiederholt, die der Kommunikationspartner gerade ausgesprochen hat. Folglich sind Antworten auf Fragen nicht verlässlich und davon abhängig, wie die Fragen gestellt werden. Eine solche Unterhaltung könnte beispielsweise so aussehen:

Frage: Is the capital of Australia Canberra or Melbourne?
Antwort: Melbourne.
Frage: Is the capital of Australia Melbourne or Canberra?
Antwort: Canberra.
Frage: What is the capital? Do you know?
Antwort: No (know).

Antworten durch Zeigen

Sprachfreie Tests (z.B. der Peabody Picture Vocabulary Test) erfordern Fertigkeiten des Zeigens, die Leistungsitems anderer Tests (wie beispielsweise die des WAIS) erfordern neben Zeigefertigkeiten auch manipulative Fertigkeiten. Es ist einleuchtend, dass solche Tests nicht bei Menschen mit schweren körperlichen Beeinträchtigungen, die den Gebrauch der Hände ausschließen, durchgeführt werden können (zumindest nicht ohne deutliche Anpassung bei der Präsentation). Unglücklicherweise können bei Menschen mit schweren kommunikativen Beeinträchtigungen auch neuromotorische Einschränkungen vorliegen, die ihre Fähigkeit zu zeigen beeinflussen, obwohl sie vielleicht in der Lage sind, mit ihren Händen grobmotorische Bewegungen auszuführen.

Nichtsprachliche und Multiplechoice-Testverfahren sind nur dann zuverlässig, wenn festgestellt worden ist, dass eine Person mit schweren kommunikativen Beeinträchtigungen die neuromotorischen Voraussetzungen hat, um eine kontrollierte Auswahl zu treffen.

Wenn Zweifel bestehen oder jemand in einem solchen Test schlecht abschneidet, sollte ein Ergotherapeut hinzugezogen werden. Es ist möglich, dass bei Menschen, die im alltäglichen Leben durch vorsichtigen Unterricht gute lebenspraktische Fertigkeiten erworben haben, Motorikprobleme vorliegen, die die Leistung in einem solchen Test beeinträchtigen könnten. Die *räumlich getrennt gestalteten Testaufgaben,* die in den Leistungsskalen des WAIS und des Standford-Binet enthalten sind, hatten ihre Ursprung in Testverfahren zur Untersuchung von Apraxie, einer neuromotorischen Störung, die für Menschen mit schweren kommunikativen Beeinträchtigungen nicht ungewöhnlich ist. Wenn jemand in diesen Tests schlechte Leistungen zeigt, könnte dies durch Apraxie oder auch durch Probleme im Verständnis oder Urteilsvermögen verursacht werden. Nur eine neuromotorische Untersuchung wird enthüllen, wo die Schwierigkeiten liegen.

Neben den erforderlichen Fertigkeiten der Hände stellen sprachfreie Testverfahren auch visuelle Anforderungen, die bei der Abwägung berücksichtigt werden müssen, ob ein bestimmter Test eine angemessene Untersuchungsmethode für eine bestimmte Person darstellt. Neben der erforderlichen Sehschärfe und Farbunterscheidung muss die Person auch in der Lage sein, zwischen den Alternativen zu unterscheiden, aus denen sie auswählen soll; alle diese Tests erfordern die Fähigkeit, Dinge in ihrer Gesamtheit zu erfassen. Die Person, die getestet werden soll, muss jede Alternative betrachten, um eine korrekte Antwort geben zu können. Jemand, der aufgrund einer Hemianopsie (Halbseitenblindheit) oder einer schlechten Scanningtechnik nur die Hälfte der Antworten sehen kann, ist offensichtlich im Nachteil. Schlechte Scanningtechniken können gewöhnlich verbessert werden; langfristig durch Übung und kurzfristig durch ein schrittweises Vorgehen, indem man sicherstellt, dass jede Alternative betrachtet wird – eine Möglichkeit ist die einzelne Beleuchtung der Alternativen.

Probleme beim Initiieren, mit der Impulsivität, Perseveration und Augen-Hand-Koordination können die Zuverlässigkeit von gezeigten Antworten beeinflussen genauso wie eine Ermüdung.

Selbst wenn jede Vorsichtsmaßnahme eingehalten und der Test fair ausgeführt wurde, bleibt es leider eine Tatsache, dass standardisierte sprachfreie Tests nur beschränkte Informationen geben und nicht sehr hilfreich für die Planung von Lernprogrammen sind. Besonders die Ergebnisse des Peabody Picture Vokabulary Test werden wahrscheinlich durch die Umwelterfahrungen und den Bildungshintergrund der getesteten Person beeinflusst.

Geschriebene oder getippte Antworten

Einige Menschen mit schweren kommunikativen Beeinträchtigungen können mit der Hand schreiben oder tippen, entweder unabhängig oder mit Stützung. Diese Fertigkeiten eröffnen gute Möglichkeiten für eine Beurteilung. Die Zuverlässigkeit muss aber wie auch bei verbaler Kommunikation oder gezeigten Antworten vorher eingehend überprüft werden.

Handschrift

Handschrift muss automatisiert und relativ unumständlich sein, damit jemand angemessen antworten kann. Jemand, der sehr viel Aufmerksamkeit aufbringen muss, um einen Buchstaben auf das Papier zu bringen, wird nicht in der Lage sein, gleichzeitig auf den Inhalt und das Buchstabieren zu achten.

Spontanes Schreiben erfordert Erinnerung an motorische Muster – wir alle müssen uns die Gestalt der Buchstaben wieder in Erinnerung rufen, um sie dann auf dem Papier reproduzieren zu können. Aufgaben wie das Kopieren von Wörtern stellen nicht die gleichen Anforderungen an das motorische Gedächtnis. Daher können einige Individuen mit schweren kommunikativen Beeinträchtigungen Wörter kopieren, aber keine Wörter ohne ein Modell schreiben. Bei diesen Menschen könnten verbalsprachliche Auffälligkeiten (z.B. Wortfindungsstörungen) oder auch Probleme beim Hervorrufen von Bewegungsmustern vorliegen.

Niedriger Muskeltonus kann die Handschriftfertigkeiten beeinflussen – jemand beginnt sehr gut, hat aber nicht die Ausdauer, um die Qualität und Klarheit aufrechtzuerhalten.

Solche Probleme bei der Handschrift stehen möglicherweise in keinem Zusammenhang mit der individuellen Fähigkeit, lesen und schreiben zu können – es verhält sich damit wie bei mit besser bekannten Beeinträchtigungen der Verbalsprache; sie berühren eher die Fähigkeit, das Wissen zu demonstrieren.

Tippen

Perseveration, Impulsivität und andere feinmotorische Auffälligkeiten können die Erhebung von korrekt getippten Antworten stören. Möglicherweise tippen einige Personen immer den gleichen Buchstaben oder das gleiche Wort oder beginnen die richtige Antwort zu tippen und verlieren sich dann in automatischen, stereotypen Antworten. Beispielsweise tippte Phil BREAD auf die Frage nach der Hauptstadt von Queensland. Auf die Frage nach dem Präsens von »brought« tippte er ebenfalls BREAD. Er tippte tatsächlich jedes Mal BREAD, wenn eine Frage gestellt wurde, deren Antwort mit BR begann.

Schriftliche Sprache

Eine Wortfindungsstörung kann sich auf schriftliche Sprache ausdehnen. Wenn dies der Fall ist, wird wahrscheinlich die Fähigkeit, auf Fragen (besonders Fragen, die Namen von Personen oder konkreten Objekten beinhalten) zu antworten, beeinflusst. Es würde eine Situation entstehen, in er die getestete Person die Antwort kennt, sie aber nur herausbringen kann, wenn der Kommunikationspartner ein Stichwort oder den ersten Buchstabe eines Wortes sagt oder die Hand in Richtung des entsprechenden Buchstabens auf der Tastatur bewegt. (Die Gestützte Kommunikation wird deshalb oft infrage gestellt, da eine Person mit schweren kommunikativen Beeinträchtigungen nur dann solche Fragen korrekt beantworten kann, wenn der Stützer die Antwort kennt.)

Testen der Kommunikationskompetenz

Die Untersuchungen zu den Kommunikationsfertigkeiten lassen sich in zwei Kategorien einteilen. Erstens, es gibt Routinetests, die Therapeuten und Lehrern zu entscheiden helfen, wo eine Therapie angesetzt werden soll, oder die ein Trainingsprogramm immer wieder überprüfen. Wenn man die nötigen Vorsichtsmaßnahmen beachtet (z.B. sollte man jemandem mit beeinträchtigter Sehfähigkeit keinen auf Bildern basierenden Test geben), sind diese normalerweise sehr sinnvoll.

Zweitens gibt es Tests, die feststellen sollen, ob ein Individuum unter bestimmten Umständen oder mit bestimmten Individuen kommuniziert oder ob eine bestimmte Kommunikation valide ist. Da es zu diesem Zweck keine standardisierten Tests gibt, müssen Möglichkeiten geschaffen werden, die diesen Zweck erfüllen. Die grundsätzlichen Regeln sollten beachtet werden: Überlege was (und wer) getestet wird, und sorge dafür, dass die Person mit schweren kommunikativen Beeinträchtigungen über die Geräte, das Training und die motorischen und sensorischen Fertigkeiten verfügt, die für die Durchführung des Tests erforderlich sind.

Mögliche Aspekte und Beispiele für eine Untersuchung durch solche Tests könnten u.a. die folgenden sein:

- *Umweltbezogen.* Benutzt Joe sein Kommunikationsbuch angemessen, wenn er mit öffentlichen Verkehrsmitteln unterwegs ist?
- *Personenbezogen.* Haben Mary und Fred die notwendigen Fertigkeiten, Joes Kommunikation korrekt aufzunehmen und weiterzuleiten?
- *Authentizität.* Behauptet Joe wirklich, dass Bill seine Uhr gestohlen hätte?
- *Wahrheit.* Hatte Joe Recht, als er sagte, dass Bill seine Uhr gestohlen hätte?
- *Fähigkeiten.* Kann Joe in einem bestimmten Modus oder auf einem bestimmten Niveau kommunizieren?

Für Joe ist die fünfte Frage die wichtigste. Es ist sehr wichtig, zu bemerken, dass die Antworten auf die ersten vier Fragen »Nein« sein kann, ohne dass die Antwort auf die fünfte Frage beeinflusst wird. Joe könnte seine Kommunikationshilfe falsch benutzen, Mary und Fred könnten schlechte Stützer sein und Joes Nachricht falsch verstanden haben, oder Joe könnte auch lügen. Trotz aller dieser Unklarheiten könnte Joe in der Lage sein, unter günstigen Umständen präzise das auszudrücken, was er ausdrücken wollte. Es ist besonders wichtig, Authentizität und Wahrheit nicht miteinander zu verwechseln. Menschen mit schweren kommunikativen Beeinträchtigungen neigen wie alle von uns aus vielfältigen Gründen (erfundene Liebe, Bosheit oder Einbildung) dazu, falsche Informationen zu geben. Aber im Gegensatz zu unseren Aussagen wird oft angenommen, dass eine unwahre Äußerung von Menschen mit schweren kommunikativen Beeinträchtigungen nicht ausgesprochen werden kann.

Die Strategien, die Antworten auf jede dieser Fragen geben können, variieren. Der Aufwand, der betrieben werden muss, um eine Frage zu beantworten, sollte von den Umständen abhängen. Wenn eine Integrationshilfe einer acht Jahre alten Schülerin bei einem Test zum Buchstabieren hilft, stellt dies kein großes Problem dar; es ist sogar eine gute Übung. Im elften und zwölften Schuljahr ist es dagegen wichtiger, zu wissen, wer die Arbeit leistet, der Schüler oder die Hilfe. Es ist wichtig, die Arbeit des Schülers mit einem bestimmten Partner, der im Examen assistiert, zu validieren.

Besondere Umstände erfordern auch besondere Testverfahren. Jemand könnte die Fähigkeit unter Beweis stellen müssen, eine Entscheidung zu treffen und mitzuteilen. Welche Verfahren auch immer angewendet werden, die speziellen Probleme einer Person müssen berücksichtigt werden. Wenn jemand eine Wortfindungsstörung hat, ist selbst der einfachste Test, der nach den Namen der Familienangehörigen fragt, nicht adäquat. Wenn Joe einen Kommunikationspartner mit bestimmten Fertigkeiten benötigt – einen Übersetzer für Gebärden oder einen Stützer –, sollte jede Anstrengung unternommen werden, die Person zu nehmen, von der man annimmt, dass Joe mit ihr am kompetentesten kommunizieren kann (im Idealfall die Person, die von dem Getesteten ausgewählt wird). Anderenfalls kann das Testergebnis durch die Unbeholfenheit eines unfähigen oder ungewohnten Partners beeinflusst werden. Schließlich sollte der zu testenden Person die Art des Tests und die Durchführung erklärt werden, sodass spezifische Fertigkeiten, wie beispielsweise der Gebrauch von Kopfhörern oder das Übermitteln von Nachrichten, geübt werden können.*

Zu einem anderen Anlass könnte jemand einen Wunsch äußern. Es könnte dann notwendig sein, die Kommunikation über einen bestimmten Partner zu verifizieren. Im Idealfall können dazu mehrere Partner einbezogen werden. Es würden so zwei oder drei Stützer nacheinander eingesetzt, während der Wunsch wiederholt wird.

Wenn eine der fünf Fragen negativ beantwortet werden muss, ist es wie auch nach einem Scheitern in konventionellen Tests wichtig, Maßnahmen zur Verbesserung einzuleiten. Kommunikationsfertigkeiten zu erlernen ist wie das Erlernen des Autofahrens. Es gibt Fertigkeiten, die kontinuierlich verbessert werden können. Wenn wir in einer Fahrprüfung scheitern, nehmen wir weitere Stunden und versuchen es wieder; wir werden nicht für immer vom Autofahren ausgeschlossen.

* Die Übermittlung von Nachrichten erscheint den Menschen, die sprechen können, als einfach. Sie haben seit ihrem Kleinkindalter Nachrichten übermittelt. Ein Erwachsener, der gerade begonnen hat, nonverbale Kommunikation zu benutzen, hat vorher nie eine Nachricht übermittelt und ist unsicher, was er tun soll und was nicht. Die Übermittlung einer Nachricht wird für Menschen mit schweren kommunikativen Beeinträchtigungen unmöglich sein, wenn die Funktion des Kurzzeitgedächnisses eingeschränkt ist. Man sollte immer sicherstellten, dass jemand eine Nachricht nach einer kurzen Zeit wiederholen kann, bevor eine solche Teststrategie angewendet wird.

Gelernte Hilflosigkeit

Die Auswirkungen einer langfristigen ungeminderten kommunikativen Beeinträchtigung müssen bei jeder Beurteilung berücksichtigt werden. Die betroffenen Menschen verhalten sich wahrscheinlich bei alltäglichen Interaktionen nicht selbstbewusst. Sie haben häufig Scheitern und Frustrationen erlebt. Sie haben möglicherweise auch eine negative Einstellung Beurteilungen gegenüber, die aus negativen Erfahrungen mit inadäquaten Teststrategien resultieren. Es ist auch unwahrscheinlich, dass sie über die Kommunikationsfertigkeiten oder Durchsetzungskraft verfügen, um ihre Beschwerden dem Tester mitteilen zu können. Ohne eine Ermutigung werden sie nicht gewillt sein, auch nur einen Versuch anzugehen, und nur nach dem Zufallsprinzip Antworten geben, damit die Prozedur so schnell und schmerzlos wie möglich vorübergeht.

Beurteilung am DEAL

Was immer wir von Tests halten, wir müssen Informationen darüber gewinnen, was Menschen wissen und nicht wissen, was sie tun können und nicht tun können. Deshalb können wir lohnende Vorschläge für zukünftige Programme machen. Die folgende Beurteilungsmethode ist ein Versuch, ein Maximum an relevanten Information in einem minimalen Zeitraum zu gewinnen. Sie ist keine perfekte Lösung für alle Problematiken bei Beurteilungen. Sie soll als ein alternativer Ansatz verstanden werden, der sich für manche Personen als effektiv herausgestellt hat.

Die Standardbeurteilung am DEAL für Schüler, deren Verbalsprache eindeutig eine zusätzliche Kommunikationsstrategie erfordert, wird um ein Spielzeug (»My Talking Computer« von Texas Instruments) aufgebaut. Dieses Spielzeug enthält zwei Hefte. Jede einzelne Seite wird auf das Gerät aufgelegt. Eine angenehme Stimme fragt (nach dem Zufallsprinzip) nach Abbildungen von Gegenständen, die auf einer Seite zu sehen sind. Die Fragen werden durch Drücken des entsprechenden Bildes beantwortet (dieser Test ist natürliche unpassend für Menschen, die ihre Hände nicht benutzen können; für sie stehen andere Strategien zur Verfügung). Nach fünf Fragen findet eine Wertung statt; wenn alle Fragen korrekt beantwortet wurden, spielt eine Musik. Durch die Auswahl entsprechender Seiten ist es möglich, das Erkennen von Bildern, die Kenntnisse über Gestaltung wie Form, Größe und Farbe und das Erkennen von Wörtern und Buchstaben zu testen. Ein Blatt erlaubt dem Schüler, Sätze oder eine Geschichte aus vorgegebenen Wörtern zu bilden, die dann durch die Maschine ausgesprochen werden. Obwohl die Informationen über spezifisches Wissen interessant sind, sind für zukünftige Interventionen in die Kommunikation nur die Informationen über Bilder- und Worterkennung und die Fähigkeit, Sätze zu bilden, wichtig. Die Informationen, die durch die Beobachtung des Schülers bei der Interaktion mit diesem Spielzeug gewonnen werden, sind mindestens so wichtig wie die Informationen über der Konzeptkenntnisse. Die anfänglichen Antworten der Schüler, die mit dem Spielzeug und meiner Erwartung der vollständigen Bearbeitung aller Aufgaben konfrontiert wurden, variierten. My Talking Computer wurde als Beurteilungsinstrument gewählt, da es in keiner Weise Ähnlichkeit mit einem stan- dardisierten Test hat und darüber hinaus leicht zu transportieren ist (man kann es auf dem Fußboden benutzen, wenn der Schüler sich weigert, an einem Tisch zu sitzen). Die meisten Schüler empfinden die Sprachausgabe als motivierend. Der wichtigste Aspekt ist aber der Umstand, dass keine Verbalsprache und keine komplexen motorischen Fertigkeiten notwendig sind, um die Fragen zu beantworten – einfaches Zeigen ist alles, was verlangt wird. Viele Kinder mit Autismus sprechen auf diesen Beurteilungsansatz positiver als auf alle strukturierte Aufgaben an, die sie bisher absolvieren mussten. Einige versuchen, diesen Ansatz ebenso abzulehnen, wie sie auch die vorherigen strukturierten Aufgaben ablehnten. Die meisten Schüler konzentrierten sich aber länger, als in bisherigen Berichten beschrieben wurde.

Die nützlichste Information kann aus der Beobachtung gewonnen werden, wie der Schüler versucht, die erste Frage auf der ersten Bildseite zu beantworten. Es können Informationen darüber gewonnen werden, wie der Schüler die Hände benutzt und ob er die Alternativen anschaut. Wenn ein Schüler mit der ganzen Hand zeigt, ohne den Zeigefinger zu isolieren, kann durch eine verbale Aufforderung oder durch Formung der Finger vonseiten des Stützers korrigiert werden. Benutzt der Schüler beide Hände gleichzeitig, um auf etwas zu zeigen, wird eine Hand zurückgehalten. Ein Schüler, der ohne hinzusehen auf die auszuwählenden Gegenstände zeigt, wird zurückgehalten, bis er seinen Blick auf die Aufgabe richtet. Einige Beeinträchtigungen der Handfunktionen können vermindert werden, indem man stützt, um eine Produktion sinnvoller Antworten zu erleichtern.

Wenn diese Sondierung begonnen hat, werden Informationen über Hörvermögen, auditive Unterscheidungsfähigkeit, rezeptive Sprachfähigkeiten, Sehschärfe, Perseveration, Impulsivität und Konzentration und Gedächtnis gewonnen. Besonders bei den ersten Blättern ist jede Anstrengung zu unternehmen, damit sich ein Erfolgserlebnis einstellt, das den Schüler für die späteren Aufgaben zur Worterkennung ermutigt und motiviert.

Es ist bei einem Test wichtig, zwischen Stützung, die es dem Schüler erlaubt, eine Auswahl zu treffen, und Hilfe, die den Schüler zu einer durch den Tester ausgewählten Antwort führt, zu unterscheiden. Ein Schüler, dessen Hand durch den Tester geformt wurde, um eine Isolation des Zeigefingers zu erreichen, gibt möglicherweise klarere Antworten, die in ihrem Ursprung dem Schüler zugesprochen werden müssen. Andere Schüler benötigen keine körperliche Stützung, sondern verbale Lenkung, um erfolgreich zu sein. Diese geführten Antworten werden nicht als eigene Auswahl des Schülers angesehen, selbst dann nicht, wenn dieser Schüler ohne Stützung zeigt.

Die Ergebnisse der Untersuchung werden nicht ausgezählt, sondern werden vielmehr in Form von Kommentaren als Informationsquelle genutzt. Die Beurteilung wird nicht abgebrochen, wenn ein Schüler zunächst keine Fertigkeiten erkennen lässt. Ein Schüler kann die Bezeichnungen für Formen nicht kennen, sodass es ihm unmöglich ist, bei den ersten drei Blättern erfolgreich zu sein. Wenn dies schon beim ersten Blatt deutlich wird, werden die beiden anderen ausgelassen. Das bedeutet aber nicht, dass der Schüler nicht in der Lage sein könnte, Wörter zu erkennen.

Machmal steigerte sich bei Kandidaten, die schlecht bei den ersten Arbeitsblättern abschnitten, die Konzentration und die Motivation, wenn Aufgaben gestellt wurden, die Schrift beinhalteten. Zeigten sich zu Ende des Arbeitsblattes mit den zwölf geschriebenen Begriffen keine Anhaltspunkte für Worterkennung, wird die Beurteilung abgebrochen und durch andere Aufgaben ersetzt.

Alle Personen, die Fähigkeiten im Erkennen von Wörtern zeigen, wird Gelegenheit gegeben, eine Tastatur zu benutzen, ungeachtet dessen, ob sie Großbuchstaben erkennen. Den Schülern, die so unkooperativ sind, dass es schwer fällt, sie zu beurteilen, wird ebenfalls eine Tastatur gegeben. In einigen bemerkenswerten Fällen steigerte sich bei Personen, die nicht bereit waren mit My Talking Computer zu arbeiten, die Kooperationsbereitschaft, sobald ihnen die Chance zu tippen eingeräumt wurde; sie zeigten dann funktionelle Buchstabierfertigkeiten. Zugang zu einer Tastatur wird mit dem Grad der Stützung gegeben, der für die Bewältigung der vorherigen Aufgaben notwendig gewesen ist. Meistens wird bei der ersten Beurteilung der Canon Communicator angeboten, da dieser robust und leicht zu transportieren ist und eine Führung für die Tastatur hat, die verhindert, dass mehrere Tasten gleichzeitig gedrückt werden. Die Ausgabe besteht aus Großbuchstaben, die auf einem Papierstreifen ausgedruckt werden.

Jemand, der funktionelle Buchstabierfertigkeiten (die Fähigkeit, ohne Vorlage auf einem Satzniveau zu buchstabieren) zeigt, ist möglicherweise in der Lage, seine Verbalsprache durch Tippen zu ergänzen. Ist man nicht in der Lage, ohne Stützung zu schreiben, ist man ein Kandidat für das Trainingsprogramm zur Gesützten Kommunikation. Diese Unterrichtsmethode könnte ebenso für Personen hilfreich sein, die keine Lese- und Schreibfertigkeiten zeigen, aber Stützung benötigen, um auf Symbole oder Gegenstände zu zeigen. Diejenigen, die planen, ihre Verbalsprache durch Tippen zu ergänzen, werden sich formalen und informalen Einschätzungen ihrer Lesefertigkeiten unterziehen müssen. Es steht eine Auswahl von expressiven und rezeptiven Sprachbeurteilungstests zur Verfügung, die adäquat von einem Logopäden oder Lehrer ausgeführt werden sollten, wenn die gewonnenen Informationen für zukünftige Maßnahmen notwendig sind. Niemand sollte nur um des Testens willen getestet werden. Es ergibt keinen Sinn, ein Mädchen mit einem aktiven Wortschatz von fünf Wörtern einem Wortfindungstest zu unterziehen, der sie nur einem unnötigen Scheitern aussetzt und keine sinnvollen Informationen hergibt. Ein rezeptiver Sprachtest, wie etwa der Peabody Picture Vocabulary Test, könnte für dieses Mädchen relevant sein, sofern sie zuverlässig zu zeigen in der Lage ist. Sie könnte so demonstrieren, dass ihr Verständnis für mündliche Sprache der von ihr gesprochenen Sprache überlegen ist. Es könnte so eine Richtung für eine angemessene Ergänzung ihrer Kommunikation anzeigt werden.

Schlussfolgerungen

Dies alles mag zu der Vermutung führen, dass eine genaue Beurteilung von Menschen mit schweren kommunikativen Beeinträchtigungen nicht möglich ist. Es ist aber nicht unmöglich; man benötigt nur Zeit, Geduld und die Entschlossenheit, sich von standardisierten Tests zu lösen, die nicht für diese Gruppe von Menschen standardisiert wurden. Das Ziel einer Beurteilung ist immer, herauszufinden, was eine Person kann, nicht, was sie nicht kann. Es ist sehr wichtig, diesen Grundsatz vor Augen zu haben, wenn Menschen die Möglichkeiten von Menschen beurteilen.

Wie Heisenberg sagt, ist es nicht die Natur selbst, die wir beobachten, sondern die Natur in Bezug auf unsere Fragestellung. Bevor wir jemanden einfach als geistig behindert etikettieren, müssen wir mehr über die Funktion des Gehirns erfahren, damit wir in der Lage sind, die »Intelligenz« zu untersuchen. Eine Intelligenz, die nicht beeinflusst wird durch Restriktionen, die ihre Ursachen in Behinderungen oder mangelnder Bildung haben und die unbeeinflusst von expressiven Beeinträchtigungen beurteilt werden kann. Wenn wir nicht in der Lage sind, dies zu tun, sollten wir Menschen, die unsere Fragen nicht beantworten können, nicht als geistig behindert bezeichnen.

10 Wer hat das gesagt?

Bei allen nonverbalen Kommunikationssystemen ergibt sich die Problematik der Interpretation.

Der verbreitetste Ersatz für Verbalsprache ist die Gebärdensprache. Menschen, die diese beherrschen, sind in einer vergleichsweise glücklichen Situation. Gebärdensprache ist das älteste und bekannteste nonverbale System. Für die Benutzer wurden akzeptable Übersetzungs- und Überprüfungsverfahren entwickelt, und es stehen viele potenzielle Übersetzer zur Verfügung. Neben diesen Vorteilen gibt es den Nachteil, dass selbst kompetente Anwender von den meisten sprechenden Menschen nicht verstanden werden.

Die Akzeptanz der Worte durch die Umwelt ist für Menschen, die sich anderer nonverbaler Systeme bedienen, noch problematischer. Das hat zum einen damit zu tun, dass die Methoden relativ neu sind (Kommunikationstafeln mit Bildern oder Symbolen werden erst seit 20 Jahren benutzt, Gebärden seit 200 Jahren), zum anderen mit der Variabilität, mit der eine Kommunikationshilfe benutzt werden kann. Anwender der Gebärdensprache haben zu mindest eine Gemeinsamkeit; sie sind in der Regel taub. Menschen, die andere nonverbale Kommunikationsstratgien anwenden, haben nicht einmal die gleiche Diagnose; es könnten Zerebralparese, Down-Syndrom, Autismus, neurologische Erkrankungen, geistige Behinderungen oder Hirnschädigungen diagnostiziert worden sein.

Die Kommunikationsstrategien, die von nichtsprechenden Menschen angewendet werden, variieren wie ihre Diagnosen. Am oberen Ende der Skala kann eine relativ kleine Gruppe eingeordnet werden, die durch ihre Handschrift oder durch Tippen ohne jede Hilfe (von der Bereitstellung der entsprechender Geräte abgesehen) kommunizieren können. Diese Menschen haben relativ geringe Schwierigkeiten, ihre Nachrichten zu übermitteln, obwohl schriftliche Kommunikation relativ langsam ist und ohne Intonation auskommen muss.

Jede nonverbale Kommunikation erfordert im Vergleich zur Verbalsprache sehr viel Mühe. Ein Sprecher spricht um die 150 Wörter in einer Minute. Der schnellste Nichtsprecher erreicht in diesem Zeitraum wahrscheinlich keine 30 Wörter; die Mehrheit übermittelt weniger als 10 Wörter. Die körperliche Anstrengung und die Konzentration, die für die Produktion dieser Wörter aufgewendet werden müssen, sind um ein Vielfaches höher als bei der Verbalsprache. Folglich kann nonverbale Kommunikation nicht über einen langen Zeitraum aufrechterhalten werden.

Wenn eine Kommunikation getippt wird, ist sie zwar exakt, es fehlt ihr aber an einem zusätzlichen Ausdruck, den Sprecher durch die Betonung und den Gesichtsausdruck und Benutzer von Gebärden durch Handbewegungen hinzufügen. Getippte Kommunikation wird auch oft zu ernst genommen und überinterpretiert, da in unserer Kultur schriftliche Sprache ein größeres Gewicht hat als mündliche Sprache. Folglich wird eine mündliche Aussage eher einmal als Ausrutscher gewertet, während eine schriftliche Gegenstand detaillierter Analysen ist.

Größere Probleme stellen sich ein, wenn Systeme mit eingeschränktem Vokabular benutzt werden und/oder der Hilfe eines Kommunikationspartners bedürfen. Beispielsweise benutzt John selbstständig einen VOCA (voice output communication aid), der aber nur 32 Aussagen umfasst. Wenn John aber über etwas kommunizieren will, das durch die 32 Äußerungen nicht abgedeckt ist, kann er sich nur annähern oder mit Ja/Nein-Fragen antworten. Wie viele andere Benutzer mit einem eingeschränkten Vokabular, bedarf John einer fragenden Person, die die Bedeutung der Auswahl erläutern kann. Beispielsweise befindet sich auf einer Tafel ein Symbol für LAUFEN. Wenn jemand auf dieses Symbol zeigt, kann das »Ich lief«, »Ich bin gelaufen«, »Ich wollte laufen« oder »Lauf !« bedeuten.

Wenn nichtsprechende Menschen körperliche Hilfe oder Stützung benötigen, um eine Kommunikationshilfe bedienen zu können, wird häufig die Frage aufgeworfen, ob die Worte auch von ihnen stammen.

Das Trainingsprogramm zur Gestützten Kommunikation ist eine Unterrichtsmethode, die Menschen mit schweren kommunikativen Beeinträchtigungen helfen soll, die Handfertigkeiten für eine unabhängige Benutzung von Kommunikationshilfen zu entwickeln. Die endgültige Validierung dieser Technik, ist Menschen in die Lage zu versetzen, ihre Kommunikationshilfen unabhängig zu benutzen.

Wann muss Kommunikation verifiziert werden?

Die meisten Menschen mit schweren kommunikativen Beeinträchtigungen werden nie die Authentizität ihrer Kommunikation individuell validieren müssen (es wird wie für sprechende Menschen eine informale Validierung in alltäglichen Situationen stattfinden). Der nächstliegende Weg, die Beständigkeit von Kommunikation zu überprüfen, ist, mit verschiedenen Partnern und/oder zu verschiedenen Anlässen über ein Thema zu diskutieren. Wenn bei jeder Gelegenheit dieselben Aussagen gemacht werden, ist die Kommunikation gleich bleibend und nicht von einem Partner missverstanden worden (das bedeutet nicht, dass die Kommunikation korrekt ist, eine Person kann sich auch fortwährend irren).

In bestimmten Situationen kann es darüber hinaus sinnvoll sein, die Fertigkeiten von Anwendern einer nonverbalen Kommunikationsstratgie und deren Partnern zu untersuchen:

- Es gibt in einer wichtigen Angelegenheit Auseinandersetzungen über die Kommunikationsfertigkeiten einer Person. *Joe, der Zerebralparese hat, soll sich einer Operation unterziehen. Es bestehen Zweifel, ob seine Kommunikation über seine Kommunikationstafel hinreichend ist, um seine ausdrückliche Zustimmung zu geben.*

- Es könnte in einer wichtigen Angelegenheit eine Auseinandersetzung über den Einfluss eines bestimmten Stützers oder Kommunikationspartners geben.
  Es ist akzeptiert, dass Mary, eine Schülerin mit einer neurologischen Erkrankung, einen Canon Communicator mit Hilfe von Unterarmstützung benutzt. Sie hat ein gutes Verhältnis zu ihrem Bruder John, der sie stützt. Dieser sagt, Mary hätte ihm über Stützung mitgeteilt, dass sie ihm eine größere Summe Geld geben würde. Es wird befürchtet, dass John die Kommunikation in dieser Angelegenheit beeinflusst.
- In einer bestimmten Situation kann es für einen Kommunikationspartner zu beweisen notwendig sein, dass er über die notwendigen Fertigkeiten verfügt, damit eine Person ohne (inhaltliche) Hilfe und ohne Beschränkungen kommunizieren kann.
  Georg lernt für sein Abschlussexamen. Er kommuniziert normalerweise durch Tippen mit geringer oder keiner Stützung auf einer angepassten Tastatur; die Mathematikaufgaben können aber nicht auf dieser Schreibmaschinentastatur bewältigt werden, sodass er eine angepasste Kommunikationstafel mit Hilfe von Stützung benutzen muss. Es ist deshalb wichtig, festzustellen, dass der Stützer die Antworten nicht beeinflusst und außerdem über ausreichende Kenntnisse in Mathematik verfügt, damit er die Antworten in einem angemessenen Format protokollieren kann.

In solchen Situationen ist die Notwendigkeit für eine Verifizierung unumstritten. Die Durchführung entsprechender Maßnahmen kommt dem Benutzer einer Kommunikationshilfe zugute. Eine Auseinandersetzung darüber, ob jemand grundsätzlich zu kommunizieren, in der Lage ist, ist unakzeptabel.

Der beste Weg, das Niveau der zur Verfügung stehenden rezeptiven und expressiven Sprachmöglichkeiten festzustellen, ist eine detaillierte Beurteilung durch einen Therapeuten, der sowohl über Erfahrungen bezüglich nonverbaler Beurteilungsmethoden als auch über des vorliegenden Behinderungsbildes hat. Eine solche Beurteilung soll das Profil der Kommunikation feststellen. Sie beginnt mit der Annahme, dass dieser Mensch kommunizieren kann, und bemüht sich die Ausprägung dieser Kommunikation festzustellen.

Gelegentlich kann eine Beurteilung der Sprachfertigkeiten ergeben, dass die individuellen Fertigkeiten überschätzt worden sind. Es kann vorkommen, dass zufällig getroffene Buchstaben als sinnvolle Äußerungen interpretiert und diese dann als Verbesserung der Kommunikation gewertet werden. Häufiger wird aber eine Beurteilung ergeben, dass die Fertigkeiten eines nichtsprechenden Menschen unterschätzt oder nicht entsprechend genutzt wurden. Im letzten Jahrzehnt haben enorme Fortschritte bei Techniken und Technologien stattgefunden, die Menschen mit schweren kommunikativen Beeinträchtigungen nutzen können, deren Anwendung sich aber noch nicht verbreitet hat. Die überwiegende Mehrheit der nichtsprechenden Menschen erhält keine kompetente Hilfe; es ist wahrscheinlich, dass sie über ein unentwickeltes Potenzial zur Kommunikation verfügen.

Niemand sollte für die Über- oder die Unterschätzung des Potenzials von nichtsprechenden Menschen verantwortlich gemacht werden. Es sollte aber jede Anstrengung unternommen werden, einem Menschen zu kommunizieren zu ermöglichen und Entscheidungen im Rahmen seiner Möglichkeiten selbst treffen zu lassen.

Einen möglichen Einfluss des Stützers auszuschließen ist schwierig und sehr zeitaufwendig. Es ist nur dann notwendig, wenn der Benutzer einer Kommunikationshilfe ein Examen absolviert oder eine schwer wiegende Aussage tätigt und auf einen zuverlässigen Kommunikationspartner zurückgreifen muss. Andere Aussagen können zufriedenstellender geprüft werden, indem mehrere Partner einbezogen werden. Die Problematik der Verifizierung ist geringer, wenn Personen hören oder lesen können und in der Lage sind, eindeutig mit Ja/Nein zu antworten. Sie können so gefragt werden, ob die Äußerung tatsächlich dem entspricht, was sie sagen wollten.* Während die meisten Menschen, die Stützung benutzen, hören oder lesen können, verfügen sie ohne Kommunikationshilfe über keine eindeutige Möglichkeit, Ja oder Nein anzuzeigen.

In schwierigen Angelegenheiten sollte so früh wie möglich ein unbeteiligter Stützer oder Übersetzer einbezogen werden (mit dem Einverständnis der nichtsprechenden Person), um

- die Stützung bzw. Übersetzung zu validieren (Überprüfung der Genauigkeit und Wiederholbarkeit),
- sicherzustellen, dass der nichtsprechenden Person die Gelegenheit eingeräumt wird, über jemanden zu kommunizieren, der kein Interesse in dieser Angelegenheit hat (eine Überprüfung des übermäßigen Einflusses),
- die praktischen und juristischen Probleme einzuschätzen, falls es zu einem Gerichtsverfahren kommt.

In einigen Fällen wird es sich herausstellen, daß kein Kommunikationspartner zur Verfügung steht, der nicht in dieser Angelegenheit befangen ist. Was in dieser Situation getan werden soll, ist eine Ermessenssache. Wenn eine Angelegenheit wichtig und die Wahrscheinlichkeit groß ist, dass es zu einem Gerichtsverfahren kommt, ist die einzige Lösung, einen neuen Stützer auszubilden (wieder mit dem Einverständnis des Nichtsprechenden).

Es gibt keine Diplome für Übersetzer im Bereich der nonverbalen Kommunikation. Die Bandbreite an Kommunikationssystemen und individuellen Varianten ist so groß, dass es schwer vorstellbar ist, dass jemand in der Lage wäre, allen nichtsprechenden Menschen zu assistieren. Da ein allgemeines nonverbales System nicht existiert und nicht existieren kann, verfügen die meisten nichtsprechenden Menschen, die nicht tippen oder mit der Hand schreiben können,

* Dies würde eigentlich eine bessere Verifizierung darstellen, als sie normalerweise bei Übersetzungen aus Fremdsprachen oder bei Gebärden möglich ist. Es liegt in der Natur der Sache, dass keine Möglichkeit besteht, mit dem Sprecher oder dem Benutzer der Gebärden zu überprüfen, ob die Übersetzung korrekt ist.

nur über eine sehr begrenzte Anzahl an Personen, mit denen eine freie Kommunikation möglich ist. Menschen, die taub sind, können vor Gericht auf einen Übersetzer der eigenen Wahl zurückgreifen. Dieses Recht sollte richtungweisend sein und auch für Menschen ohne Verbalsprache gelten. Jeder bedient sich des eigenen Kommunikationsstils; es ist leichter, eine Nachricht mit Hilfe bestimmter Menschen zu übermitteln als mit anderen. Wenn die Unparteilichkeit eines gewählten Kommunikationspartners fraglich ist, muss auf andere Strategien zur Überprüfung der Aussagen zurückgegriffen werden.

Der häufigste Anlass, sich zu vergewissern, dass die Kommunikationspartner die Angaben des Schülers nicht beeinflussen (zum Guten oder zum Schlechten)*, ergibt sich aus den Situationen in der Schule. Wenn der Partner spezielles Wissen benötigt, um beispielsweise eine Mathematikaufgabe stellen zu können, sollte dies durch den Mathematiklehrer überprüft werden. Wenn festgestellt werden soll, dass der Schüler in der Lage ist, den Stoff zu bewältigen, bieten sich verschiedenen Möglichkeiten an:

Mary absolvierte ihr letztes Examen in Wirtschaftswissenschaften mit einem Kommuniaktionspartner, der schon im Alter von fünfzehn Jahren die Schule verlassen und niemals Unterricht in diesem Fach erhalten hatte. Tina, die ohne Stützung sehr langsam und mühsam tippt, beantwortete eine Examensfrage ohne und die anderen mit Stützung. Alle Antworten befanden sich auf demselben Niveau, und es wurde anerkannt, dass diese Tinas wirklichem Leistungsvermögen entsprechen. Mark benötigt Stützung, um zu tippen, er kann aber unabhängig Multiplechoice-Fragen zeigend beantworten. Seine Antworten im Examen wurden mit Hilfe solcher Fragen überprüft. Bob tippte seine Hausarbeiten in Geschichte mit mehreren Stützern; sein Niveau und Stil blieben dabei gleich und unterschieden sich vom Sprachstil seiner Stützer.

* Gewöhnlich sind die Leute besorgt, dass der Stützer hilft; die Tatsache, dass er auch die Kommunikation stören könnte, wird übersehen.

Solche Strategien könnten dazu beitragen, andere Menschen zu überzeugen, dass es sich um die eigenen Arbeiten des Schülers handelt. Wie in allen Situationen, in denen jemand mit einem anderen Menschen nahe zusammenarbeitet, hängt hier alles von der Integrität des Stützers ab. Es ist wichtig, dafür zu Sorge zu tragen, dass ein Schüler nicht noch weiter bei der Suche nach Verifizierung benachteiligt wird. Mary bestand ihr Examen und bewarb sich um einen Studienplatz. Eine Universität war nur gewillt, sie aufzunehmen, wenn sie einen zusätzliche Test durch einen Psychologen bestehen würde, der überprüfen sollte, ob sie tippen könnte. Als der sechsjährige Sam zum ersten Mal eine Schreibmaschine benutzte, war es seiner Integrationshilfe ihn zu stützen untersagt, aus Angst, sie könnte ihm helfen! In beiden Fällen wurde der wesentliche Zweck jeder Erziehung, nämlich zu unterrichten, unterlaufen.

Ungünstige Voraussetzungen

Die vierte Situation, in der eine Verifikation der Kommunikation erforderlich ist, kann sich dann einstellen, wenn eine Person durch den Benutzer einer Kommunikationshilfe oder alleine durch den Umstand, dass dieser kommunizieren kann, beleidigt wird. Anne McDonald wurde im Alter von drei Jahren in eine Institution überwiesen und als schwer zurückgeblieben etikettiert. Als sie 18 Jahre alt war, äußerte sie den Wunsch, die Anstalt zu verlassen. Das Gesundheitsamt setzte sich dem mit der Begründung entgegen, dass sie nicht kommunizieren könnte. Annes Antrag auf Habeas corpus (das Recht auf den eigenen Körper) wurde am obersten Gerichtshof angehört; die Annahme ihrer Kompetenz bestätigte sich, und Anne wurde ohne spezielle Tests entlassen. Anne hat im vergangenen Jahr ihr humanistisches Studium abgeschlossen. Carla wurde als schwer geistig zurückgeblieben etikettiert. Als Frau in ihren Zwanzigern beschuldigte sie Familienangehörige der Misshandlung. Sie wurde daraufhin mühsamen Validationstests unterzogen. Die Ergebnisse dieser Tests wurden dem

Vormundschaftsgericht vorgelegt, das entschied, dass sie kommunikationsunfähig sei. Nach dieser Auseinandersetzung wurde Carla von ihrer Familie vom Tagesprogramm ausgeschlossen; sie verlor so ihre Möglichkeit zu kommunizieren.

Die Fälle von Anne und Carla haben einige Aspekte gemeinsam; keine dieser Frauen kann sprechen, beide benutzten Kommunikationshilfen, um Dinge zu äußern, die ihre Erziehungsberechtigten nicht hören wollten.Und in beiden Fällen reagierten diese Erziehungsberechtigten, indem sie Fähigkeiten der beiden Frauen zu kommunizieren bestritten. Beide Fälle waren insofern ungünstig, als Menschen beteiligt waren, die hofften oder glaubten, dass Anne/Carla nicht kommunizieren könnten. Anne konnte nichts selbstständig tun, sie war vollkommen von Tests abhängig, um ihre Fähigkeit zu demonstrieren. Sie bestand einen Validationstest und einen Lesetest (das Gesundheitsamt versuchte, die Ergebnisse zu unterschlagen, die aber vor Gericht dann auftauchten). Carla wurden Tests gegeben, die sie nicht bestand. Sie hätte ihre Möglichkeiten durch den unabhängigen Gebrauch ihrer Kommunikationshilfe demonstrieren können, das Vormundschaftsgericht weigerte sich aber, ihr dabei zuzusehen. Schließlich profitierte Anne vom allgemein geltenden Recht, und Carla wurde von dem speziellen System benachteiligt, das für Menschen mit Behinderungen eingerichtet wurde. Wenn Anne dieselben Tests wie Carla gegeben worden wären, wäre sie entlassen worden? Wenn Carla nicht getestet worden wäre, hätte das irgendeinen Schaden angerichtet* – einen Schaden, der größer gewesen ware als der, der nach Carlas Scheitern folgte?

Diese widrigen Validitätstests beinhalten nur eine Fragestellung: Kann dieser Mensch eine Kommunikationshilfe oder -strategie effektiv benutzen? Es werden einige Menschen beteiligt sein, die hoffen, dass diese Menschen es nicht kön-

* Carlas Anschuldigungen wären an die Polizei zurückverwiesen worden, die wahrscheinlich aus Mangel an stichhaltigen Beweisen nicht weiter untersucht hätte.

nen. Tests können von Menschen vorgeschlagen und ausgeführt werden, die hoffen, dass der Benutzer einer Kommunikationshilfe scheitern wird. In den meisten Fällen * *kann der Benutzer durch seine Teilnahme alles verlieren und nichts gewinnen. Wenn er besteht, wird sich nichts ändern. Wenn er scheitert, kann er die winzige Möglichkeit zur Kommunikation auch noch verlieren.*

Inkompetentes Testen kann tragische Folgen haben. Ein Test berücksichtigt nicht die Lebenserfahrung der Menschen, die getestet werden. Ein Test mag zwar objektiv erscheinen, aber doch unfair sein. Vor siebzig Jahren verstärkte die australische Einwanderungsbehörde ihre Diskriminierungspolitik. Durch eine einfache Maßnahme sollten bestimmte Volksgruppen von der Einwanderung ausgeschlossen werden. Laut Einwanderungsgesetz konnten Bewerber zu einem Test in Form eines Diktats gezwungen werden. Diese Maßnahme wurde angeblich durchgeführt, um den Zuzug von Analphabeten zu kontrollieren. Das Gesetz spezifizierte nicht, in welcher Sprache dieser Test durchgeführt werden sollte. Menschen, die nicht die entsprechende Hautfarbe hatten, wurden Tests in Sprachen gegeben, die sie nicht kannten. Wenn sie dann den Test nicht bestanden, wurden sie von einer Einwanderung ausgeschlossen. So scheiterte ein indischer Professor, der in Oxford ausgebildet worden war, an einem Test in Gälisch (einer alten irischen Sprache, die nichts mit Englisch gemein hat). Für jeden von uns gibt es mehr Tests, an denen wir scheitern, als solche, die wir bestehen können.

Wenn dies schon für Menschen ohne Behinderungen zutrifft, trifft es noch mehr auf Menschen mit Behinderungen zu. Ob Menschen mit Behinderungen in der Lage sind, ihre Fähigkeiten zu demonstrieren, hängt in der Hauptsache davon ab,

* Anne McDonald war offensichtlich eine Ausnahme; sie konnte mehr gewinnen als verlieren. Während einer späteren Verhandlung am obersten Gerichtshof weigerte sie sich strikt, getestet zu werden, obwohl sie durch die Bearbeitung eines Tests, der weit weniger mühsam war als der von Carla, nur hätte gewinnen können.

welche Tests ihnen gegeben werden. Anne, eine Tetraplegikerin, wurde auf der Grundlage eines Tests als schwerst geistig behindert eingestuft, der von ihr den Bau eines Turms aus Blöcken verlangte. Karen, eine Schülerin mit Zerebralparese, bestand die Abschlussarbeit des Schuljahres nicht, da ihr Lehrer ihr die Benutzung einer Schreibmaschine mit der Begründung verweigerte, dass es ihr gegenüber den anderen Schülern einen Vorteil verschaffen würde. Unfaire Bedingungen wurden in diesem Fall nicht als Nachteil gesehen.

Nur weil etwas nicht sichtbar ist, kann daraus nicht geschlossen werden, dass es nicht existiert. Einer Auster sieht man nicht an, ob sie Perlen enthält. »Die meisten Austern enthalten keine Perlen«; »Ich habe noch nie eine Auster mit einer Perle gesehen« – diese Aussagen sind wahr, aber das beweist noch nicht, dass sich keine Perle in einer bestimmten Auster befindet oder dass nicht in Zukunft noch eine Perle in dieser Auster wachsen könnte. Es ist wichtig, sich daran zu erinnern, wenn man die Kommunikationsfähigkeit eines Menschen testet. Ein Hilfenbenutzer hat vielleicht nicht bewiesen, dass er kommunizieren kann; natürlich ist damit auch nicht bewiesen, dass er nie kommunizieren können wird.

Zustimmung und Kooperation sind bei solchen Testansätzen sehr entscheidend. Eine generelle Regel ist, Menschen nicht ohne ihr Einverständnis zu testen. Es sollte jede Anstrengung unternommen werden, eine auf Informationen basierende Zustimmung zu Tests zu erhalten. Es ist offensichtlich, dass es problematisch ist, wenn die Zustimmung oder Ablehnung nur mit Hilfe der Kommunikationsstrategie geäußert werden kann, die Gegenstand des Tests ist. Wenn jemand für inkompetent gehalten wird, die Zustimmung zu verweigern, ist er/sie folglich auch nicht bei der Zustimmung kompetent. Wie auch immer die Situation der Zustimmung sein mag, ein Testen ohne Kooperationsbereitschaft ist sinnlos.

Aufgrund dieser Überlegungen und weil eine Untersuchung der Validität komplex, zeitaufwendig und aufreibend ist, ist es ratsam, in alltäglichen Interaktionen nach Beweisen für die Kommunikation zu suchen, bevor man Zuflucht in formalen

Tests sucht. Die individuelle alltägliche Kommunikation einer Person kann auf Anzeichen hin untersucht werden, die darauf hindeuten, dass die Worte authentisch sind. Spricht diese Person immer über ein bestimmtes Thema, benutzt sie bestimmte Redewendungen, oder treten dieselben Rechtschreibfehler bei der Arbeit mit mehreren Stützern auf? Pat hat einen sehr individuellen Schreibstil, sie beginnt viele Sätze mit Adverbien, und sie bevorzugt bestimmte Redewendungen. Häufig benutzt sie Wörter wie »seltsam«, unabhängig davon, wer ihr Kommunikationspartner ist. Teilt sie ihrem Stützer Dinge mit, die er eigentlich nicht wissen kann? Berichtet sie über Geschehnisse, die passiert sind, als der Stützer nicht anwesend war? Als Joe mir mitteilte, dass er eine beschwerliche Reise gehabt hätte, da beinahe ein Unfall geschehen wäre, und der Fahrer dies bestätigte, validierte dies seine Kommunikation.

Zu häufig wird diese Art der Validierung übersehen. Das ist sehr schade, da einige wenige Beispiele einer erfolgreichen Kommunikation erheblich aussagekräftiger sind als wiederholtes »Versagen.« Wenn Joe mir nicht über seinen Beinaheunfall berichtet hätte, könnte es dafür viele Erklärungen geben; er vergaß den Vorfall, er wollte den Fahrer nicht bloßstellen, er hielt es nicht für wichtig, er konnte die entsprechenden Wörter nicht finden usw. Aber als er mir darüber berichtete, gab es nur eine mögliche Erklärung; er kommunizierte, und ich empfing seine Nachricht.

Wenn solche Fälle von augenblicklicher Validation nicht spontan vorkommen, kann man durch eine Strukturierung der Situation dazu beitragen, dass sie wahrscheinlicher werden. Gina wurde gebeten Bilder zu benennen, die ihr Stützer nicht sehen konnte. Sie bewältigte diese Aufgaben nur mit mäßigem Erfolg. Eine halbe Stunde, nachdem der Test begonnen hatte, tippte sie spontan: ANOTHER PRESENT. Sie teilte ihrem Stützer weiter mit, dass die Psychologen, die diesen Test durchführten, ihr zu Beginn Süßigkeiten geschenkt hätten. Diese Aussage lieferte einen viel besseren Beweis für die Fähigkeit zu kommunizieren als die Leistungen in einer Benennungsaufgabe.

Wenn die benutze Hilfe eine Schreibmaschine oder Buchstabentafel ist, sind die beteiligten Fertigkeiten Lesen und Buchstabieren. Lesefertigkeiten lassen sich durch Standardtests demonstrieren, die den Gebrauch der Kommunikationshilfe oder die Anwendung von Stützung nicht erfordern. Eine solcher Multiplechoise-Test ist die Reading Comprehension Battery for Aphasia (La Pointe 1984).

Wenn die Demonstration von Buchstabierfertigkeiten gefordert ist und es für jemanden nicht möglich ist, ohne Stützung Buchstaben auszuwählen, kann auf informelle Verfahren zurückgegriffen werden, die in manchen Situationen adäquat sind – die Beantwortung einer Frage oder die Übermittlung einer Nachricht, die dem Stützer unbekannt ist, oder die Beschreibung von Gegenständen, die sich nicht im Blickfeld des Stützers befinden. Diese Strategien können ebenso bei einer auf Symbolen oder Zeichen basierenden Kommunikation angewendet werden. Wenn die Fragestellung relativ unkompliziert ist – nehmen wir an, Bens Vater glaubt nicht, dass sein Sohn schreiben kann, weil jemand seine Hand dabei hält –, kann eine erfolgreiche Anwendung einer solchen Strategie die Fragen zerstreuen, bevor sie zu einer großen Sorge werden. Vor einem Test, besonders dann, wenn er zu frühen Zeitpunkten eines Trainingsprogramms zur Kommunikation ansteht, ist es wichtig, zu erklären, dass ein Scheitern nicht bedeutet, dass eine Person eine Kommunikationsstrategie nicht anwenden kann oder wird. Es bedeutet nur, dass sie oder der Stützer in diesem Moment nicht über die notwendigen Fertigkeiten verfügen, um diesen Test zu bestehen.

Die Auswahl der adäquaten Verifizierungsstrategie hängt von Faktoren wie dem visuellen und auditiven Gedächtnis, der Reife und der Sprachkompetenz ab. Die erforderlichen Fertigkeiten können in normalen Übungssitzungen entwickelt werden. Das Verfahren kann dann zügig, ohne größeren Stress und ohne die Notwendigkeit einer speziellen Anordnung der Geräte, durchgeführt werden. Wesentliche Variablen sind sowohl die Kompetenz des Stützers als auch die Zeitspanne, in der sich jemand in einem Trainingsprogramm befindet. Alle Umstände, die zu einem Scheitern geführt haben könnten, sind zu untersuchen, und die Tests können nach weiterem Training, möglicherweise in einer anderen Form oder mit anderen Stützern, wiederholt werden.

Ein informeller Test kann ebenfalls angewendet werden, um Informationen über die Fertigkeiten des Stützers zu erhalten. Ich spiele gewöhnlich »Telefon« mit Benutzern von Kommunikationshilfen, die bekannterweise gute Fertigkeiten haben, indem ich ihnen Nachrichten zuflüstere, die dann an den Stützer weitergegeben werden sollen. Erfolg steigert das Selbstvertrauen des Stützers, und Misserfolg deutet auf die Notwendigkeit weiteren Trainings hin, bevor der Stützer mit wichtigen Aufgaben betraut werden kann. Es ist wichtig, dass das Testen eines Stützers nicht mit dem Testen des Benutzers der Kommunikationshilfe verbunden wird; wenn das Ergebnis eines Tests dann ein Fehlschlag ist, geht daraus nicht hervor, bei welchem der beiden Partner die Ursachen zu suchen sind. Eine Untersuchung des Einflusses des Sützers sollte nur dann unternommen werden, wenn der Benutzer der Kommunikationshilfe schon sein oder ihr grundätzliches Vermögen im Umgang mit dem Kommunikationssystem demonstriert hat. Jeder Stützer, der in formelle Tests einbezogen wird, sollte die Fähigkeit zu stützen schon in erfolgreich verlaufenden informellen Tests demonstriert haben.

Wann soll validiert werden?

Kein Kommunikationspartner und keine Person mit schweren kommunikativen Beeinträchtigungen sollte formellen Tests zur Validierung unterzogen werden, bevor nicht ein grundlegendes Training zur Kommunikation durchlaufen wurde (dieses Training sollte durch die Organisationen und Institutionen eingerichtet werden, die die Kommunikationsprogramme beaufsichtigen); anderenfalls werden alle negativen Ergebnisse zeigen, dass die jemand keine Fertigkeiten gelernt hat, in denen er nicht unterrichtet worden ist. Ebenso ist eine solche Untersuchung vollkommen unangemessen, wenn ein Benutzer einer Kommunikationshilfe nicht wenigstens mit einem Partner frei und flüssig kommunizieren kann. Wie aus dem Titel dieses Buches schon hervorgeht, ist die Gestützte Kommunikation mit einer Trainingsmethode verbunden. Training auf dem Gebiet nonverbalen Kommunikationstechniken erfordert Zeit – Therapeuten schätzen, dass ein Zeitraum von sechs Jahren erforderlich sein kann, damit eine grundsätzliche Kompetenz im Umgang mit Kommunikationshilfen ohne Stützung erreicht werden kann (Haney 1988).

Wie soll validiert werden?

Protokolle

Alle Protokolle zur Einschätzung der Validation der nonverbalen Kommunikation sollten von einem multidisziplinären Team mit Sachkenntnis auf dem Gebiet der Beurteilung der verschiedenen Kommunikationsstrategien entwickelt werden. Wenn die Entwicklung abgeschlossen ist, sollten die Protokolle Fachleuten und potenziell betroffenen Gruppen zum Kommentar vorgelegt werden. Es sollte mehr als eine Strategie aufgenommen werden, damit man den verschiedenen Fähigkeiten und Behinderungen der Menschen mit schweren kommunikativen Beeinträchtigungen gerecht werden kann.

Vorbereitende Bestandsaufnahme

Einige Beurteilungen sollten vorgenommen werden, bevor ein formaler Test unternommen wird:

- Beurteilung der Handfunktionen durch einen Ergotherapeuten;

- Beurteilung der Lese- und Schreibfertigkeiten mit Hilfe eines Multiplechoice-Tests*; die Ergebnisse dieses Tests wären selbstverständlich auch für die Anwendung buchstabierter Kommunikation relevant, ungeachtet dessen, wie der Test ausfällt;
- Beurteilung der Sprache/Verbalsprache; wenn diese nicht im Vorfeld eines Tests durchgeführt wird, ist es unmöglich zu wissen, ob eine Person in der Lage ist, einen Test zu bearbeiten.

Vorbereitendes Training

Versuche am DEAL ergaben, dass die meisten Klienten durch Übung ihre Leistungen in Validationtests verbessern konnten. Die Leistung steigert sich trotz unterschiedlicher Fragestellungen wahrscheinlich deshalb, weil die Klienten sich ungezwungener in der Testsituation verhalten und so ihre Fähigkeiten, die für einen Erfolg nötig sind, auch umsetzen können. Übung unter Testbedingungen ist vor allem dann wichtig, wenn die ausgewählte Validerungsstrategie das im Alltag verwendete Kommunikationsschema stört. Bevor beispielsweise in einem Test Kopfhörer benutzt werden, muss der Empfang von Instruktionen über Kopfhörer geübt werden. Wenn sich herausstellt, dass das nicht praktikabel ist, sollten auch keine Fragen über Kopfhörer gestellt wenden. Wenn jemand nicht auf Instruktionen des Versuchsleiters reagiert, sollten dementsprechend auch keine Fragen durch diesen gestellt werden. Wenn nur der Empfänger Kopfhörer tragen soll, sollte dieser sich in regulären Kommunikationssitzungen mit dieser Situation vertraut machen und dabei beachten, welche Auswirkungen auf die Kommunikation beobachtet werden können.

* Es könnte erforderlich sein, die Größe der Druckbuchstaben und die Präsentation von Multiplechoice-Aufgaben zu variieren, um diese auf die visuellen Beeinträchtigungen auszurichten und eine Einschätzung durch einen Ergotherapeuten zu ermöglichen.

Umgebung

Der Benutzer einer Kommunikationshilfe sollte mit der Umgebung vertraut sein, in der ein Test stattfindet. Im Idealfall wird eine Test in der Umgebung durchgeführt, in der sich der Benutzer normalerweise aufhält, in der Schule, in seiner Tagesstätte oder zu Hause. Die Auswirkungen der Umgebung wurden in einem australischen Gerichtsverfahren (Staat gegen Williams 1990) demonstriert, als eine Zeugin, die mit Hilfe von Stützung tippte, vor Gericht erschien, um zu zeigen, wie sie kommunizierte. Der Staatsanwalt hatte sie im Vorfeld dabei beobachten können, wie sie tippte, während ihr Stützer in eine andere Richtung schaute. Man hatte aber den Einfluss der Umgebung (Gerichtssaal) und den Einfluss der Anwesenheit der durch die Zeugin beschuldigten Person nicht berücksichtigt. Der Stützer wurde gebeten, während des Tippens nicht auf die Tastatur zu schauen. Die Zeugin sah ebenfalls nicht auf die Tastatur (sie sah den Angeklagten an), und so war es nicht überraschend, dass das Ergebnis unbrauchbar war.

Menschen mit schweren kommunikativen Beeinträchtigungen haben oft damit verbundene oder sekundäre Behinderungen, die sie in Testsituationen besonders verwundbar machen. Das offensichtlichste Problem ist der Mangel an Selbstbewusstsein, verbunden mit mangelnder sozialer Erfahrung. Selbst Menschen, die sprechen können, können durch aggressive Fragen zum Schweigen gebracht werden. Jemand mit einer Spastik kann so angespannt sein, dass jede Kommunikation ausgeschlossen ist. Menschen mit weniger bekannten Problemen erfahren manchmal, dass ihre Kommunikation absichtlich oder unabsichtlich sabotiert wird. Einige Menschen mit einer neurologischen Schädigung erschrecken umgehend und erstarren (oder zucken zusammen), wenn sie ein plötzliches Geräusch wie das Klicken einer Kassettenrecordertaste hören. Andere können ihre visuelle Wahrnehmung nicht steuern, sie blicken auf alle Dinge, die sich in ihrem Blickfeld bewegen. Ihre Kommunikation würde beeinflusst, wenn ein Zuschauer mit einem Papier rascheln würde, während sie tippen oder zeigen.

Die speziellen Bedürfnisse einer jeden Person müssen bei der Entwicklung eines Validationstests berücksichtigt werden. Für jemanden, der keine Wortfindungsstörungen oder Erinnerungsprobleme hat, ist es möglich, eine Aufgabe zur Übermittlung von Nachrichten zu absolvieren; aber nicht jeder kann mit solchen Aufgaben umgehen. Anne war dazu in der Lage, Carla jedoch nicht. Einige Menschen bedürfen verstärkter Ansprache, damit sie sich dauerhaft einer Sache widmen können; in diesen Fällen ist es sinnvoll, die notwendigen Gegenstände schon bei dem Eintritt in den Raum bereitstehen zu haben. Andere können zwar den allgemeinen Inhalt einer Geschichte wiedergeben, die ihnen in Abwesenheit des Stützers präsentiert wurde, sie haben aber Probleme, Aspekte der Geschichte zu spezifizieren. Wieder andere können eine Vielzahl an Wörtern hervorrufen, die ihnen zum Thema »Urlaub« einfallen, oder können Eigenschaften eines ihnen in Abwesenheit des Stützers präsentierten Bildes beschreiben. Aufgrund möglicher Wortfindungsstörungen sollten Aufgaben, die die konkrete Benennung von Gegenständen umfassen, vermieden werden; »Was kann man damit tun?« ist eine bessere Frage als »Was ist das?«.

Es ist eine häufige Annahme, die auf Unwissenheit beruht, dass ein Hilfenbenutzer, der keine Nachricht übermitteln kann, auch nicht zu kommunizieren in der Lage ist. Das ist vollkommen absurd. Es gibt viele Personen, die sprechen oder vollkommen unabhängig tippen, aber keine Nachricht übermitteln können bzw. dazu viele Versuche benötigen.

Carla, die erhebliche Wortfindungsstörungen hat, wurde von drei Psychologen elf Stunden lang getestet. Ein wesentlicher Teil dieses Tests bestand aus der Beantwortung von 40 Fragen. Die Antworten auf alle Fragen bestanden aus Hauptwörtern. Welche Wörter sind für diese Menschen besonders schwierig hervorzurufen? Eben diese Hauptwörter. Wann ist es besonders schwierig, Hauptwörter hervorzurufen? Wenn man unter Druck steht und eine bestimmte Antwort schnell geben muss. Carla bestand diesen Test nicht, man hätte sie ebenso in Gälisch testen können.*

Wenn eine Validierung von Kommunikation gesucht werden soll, müssen einige Notwendigkeiten berücksichtigt werden:

- Der Partner ist in der Methodik der Gestützten Kommunikation ausgebildet worden und verfügt über Erfahrung.
- Der Benutzer hat vorher flüssig mit seinem Partner kommuniziert.
- Der Benutzer sieht die Gründe einer solchen Untersuchung ein und gibt seine Zustimmung.
- Der Benutzer ist im Umgang mit der Aufgabenstellung erfahren und verfügt über die notwendigen Fertigkeiten für die Durchführung des Tests.

Welche Strategie auch angewendet wird, es muss eine Möglichkeit geschaffen werden, Fragen zu wiederholen. Dies ist unerlässlich, da die Beantwortung und das Buchstabieren mühsam sind und über Möglichkeiten des Kurzzeitgedächtnisses einer Person nichts bekannt ist.

Es muss betont werden, dass keiner Person, die getestet werden soll, ein privilegierter Status eingeräumt werden muss. Wenn der Beweis, dass jemand kommunizieren kann, erbracht worden ist, muss es schon gewichtige Gründe geben, dies zu missachten. Es ist nicht ausreichend, zu behaupten, dass alle Tests außer denen, die von einer bestimmten Gruppe geprüft und ausgeführt wurden, ungültig sind – es muss bewiesen werden, dass sie ungültig sind. Einige Tests, die die Beantwortung von Fragen, die Benennung von Bildern oder die Wiedergabe von Wörtern umfassen, die dem Stützer unbekannt sind, bieten eine geringe Wahrscheinlichkeit, das Ergebnis zu erraten. Eine einzelne Antwort ist schon ausreichend, um die Fähigkeit einer Person, eine Kommunikationshilfe zu benutzen,

* Um Carlas Probleme zu verstärken, wurden 20 Fragen über Kopfhörer gestellt, ohne überprüft zu haben, ob Carla überhaupt hören kann. Darüber hinaus war ihr Stützer nicht ausgebildet und hatte keine Erfahrung.

zu validieren. Bruce wurde gebeten, seinem Stützer, der sich nicht in Hörweite befand, den Namen seiner Wohneinrichtung mitzuteilen. Bruce tippte mit seinem »unwissenden« Stützer: »Ich habe immer Schwierigkeiten mich an den Namen meiner Wohnstätte zu erinnern.« Diese Aussage validierte seine Fähigkeit, über Stützung zu kommunizieren, und bestätigte gleichzeitig den Verdacht, dass eine Wortfindungsstörung vorliegen könnte.

Die Wichtigkeit eines einzelnen Erfolgs muss betont werden. Bei widrigen Testverfahren gibt es eine Tendenz, willkürliche Leistungskriterien festzulegen, die nichts mit der eigentliche Fragestellung zu tun haben. Diese Fragestellung ist: »Kann jemand beweisen, dass er/sie diese Kommunikationshilfe dazu benutzen kann, um über eine Sache zu kommunizieren, die seinem/ ihrem Partner unbekannt ist?« Bruce wurde wiederholt getestet – manchmal konnte er Fragen korrekt beantworten, manchmal nicht. Die Leute, die ihn testeten, operierten auf der Grundlage, dass ein Ergebnis von 50% notwendig wäre, um den Test zu bestehen. In seiner letzten Sitzung erzielte Bruce ein schlechtes Ergebnis. Dieses Ergebnis wurde als gewichtiger angesehen als sein vorheriger Erfolg. Seine gesamten Leistungen wurden als gescheiterte Validation gewertet.

Was ist zu tun, wenn jemand in einem Test scheitert?

Ein Aspekt der Gestützten Kommunikation, der Sorge bereitet, ist der Einfluss oder die Führung durch den Stützer. Um zu behaupten, dass die *gesamte* Kommunikation einer Person durch Einfluss des Stützers bestimmt wird, ist es notwendig, alle Stützer einer Person zu testen. Diese Behauptung aufzustellen ist unwissenschaftlich, wenn nur gezeigt wurde, dass Stützer A die Kommunikation führte. Daraus kann aber nicht geschlossen werden, dass die Stützer B, C und D in der Kommunikation ebenfalls führten; selbst Stützer A könnte nicht die gesamte Zeit geführt haben.

Es ist wichtig, nicht überzureagieren. Es muss anerkannt werden, dass wir alle uns gegenseitig, bewusst oder unbewusst, beeinflussen. Die Entdeckung, dass zwei Menschen, die unter schwierigen Umständen zusammenarbeiten, um eine Kommunikationsmöglichkeit einzurichten, sich gegenseitig beeinflussen, hat nichts Entsetzliches oder Überraschendes. Diese Beeinflussung wird zu einem Grund zur Besorgnis, wenn sich herausstellt, dass die *gesamte* Kommunikation einer Person durch Führung entsteht, oder wenn bestimmte (und wichtige) Äußerungen in dem Verdacht stehen, durch Führung entstanden zu sein. In beiden Fällen sollte diese Führung ein Signal für die Notwendigkeit von weiterem Training sein.

Carla wurde einem unangemessenen Test unterzogen und scheiterte. Zum Unglück von Carla war es kein Diktat, und ihr Scheitern zog nicht die relativ geringe Strafe nach sich, nicht in Australien leben zu dürfen. Stattdessen wurde sie von ihren Freunden und von jedem Zugang zur nonverbalen Kommunikation getrennt. Wir könnten ihr auch noch ihre Zunge herausschneiden. Sie wird selbstverständlich nicht in der Lage sein, sich zu beschweren.

Die Ergebnisse von Bruce wurden missinterpretiert, und ihm wurde zu tippen verweigert. Bruce war ebenfalls nicht in der Lage, sich zu beschweren.

Diese Ereignisse werfen die wichtigste Frage im Zusammenhang mit Tests auf: Was tun wir, wenn jemand einen Test nicht besteht? Es soll nochmals darauf hingewiesen werden, dass keine Überreaktion sinnvoll ist. Scheitern in einem oder in mehreren Tests beweist nicht, dass jemand eine getestete zur Kommunikationsstrategie *nicht* benutzen *kann*. Es ist notwendig, die Variablen auf Fehlerquellen hin zu untersuchen. Wollten die Personen sich dem Test unterziehen? Versuchten sie, die Aufgaben zu bearbeiten? War der Test angemessen, oder erforderte er Fertigkeiten in den Bereichen der Sprache oder des Gedächtnisses, die möglicherweise beeinträchtigt sind? Ist der Stützer der Aufgabe gewachsen gewesen? Ist der Benutzer der Kommunikationshilfe in dieser Situation überfordert gewesen? Wie einfallsreich war die Gestaltung des Test? Haben die Benutzer der Kommunikationshilfen unter solchen Bedingungen schon gearbeitet? Auf jeden Fall sollten mehr Übung ermöglicht und einige Variablen geändert werden. Zwischenzeitlich sollte sich die Aufmerksamkeit auf eine Validierung in alltäglichen Situationen richten.

Viele Menschen, die Gestützte Kommunikation benutzen, werden sich nie diesen Validationsverfahren unterziehen müssen. Einige Klienten, die heute unabhängig schreiben, wurden nie aufgefordert, ihre Kommunikation zu validieren, als sie noch Stützung empfingen. Andere Klienten, die heute unabhängig schreiben, sind damals, als sie noch gestützt wurden, in Untersuchungen gescheitert. Doron absolvierte den gleichen Test wie Carla und scheiterte. Er verweigerte die Kooperation und tippte eine halbe Stunde lang »xxxxxxxxx«. Sein Programm wurde fortgesetzt, und Doron schaffte die mittlere Reife. Heute besucht er die letzte Klasse der Oberstufe. Wenn er möchte, tippt er ohne jede Berührung und in Abwesenheit anderer Personen. Sind jetzt seine Testergebnisse wichtiger oder das, was er seitdem geleistet hat? Wenn sein Kommunikationsprogramm aufgrund seiner Testergebnisse abgebrochen worden wäre, hätte er seinen Schulabschluss nicht machen und nicht den Lehrplan einer Oberstufe bewältigen können.

Ein Psychologe fragte mich, weshalb Gina am Trainingsprogramm zur Gestützten Kommunikation teilnimmt. »Sie spricht sehr klar und zeigt sehr genau«, sagte er. Dies war zutreffend (wobei ihre Verbalsprache noch immer nicht adäquat ist, um ihrem Sützer mitzuteilen, dass ihr ein Geschenk, und noch weniger, welches ihr gegeben wurde). Als sie vor vier Jahren mit dem Programm begann, verfügte sie noch nicht über diese Fertigkeiten. Wenn sie zu Beginn des Programms an einem Test gescheitert wäre, was hätte das bewiesen? Hätte es bewiesen, dass sie noch nicht über die Fertigkeiten verfügt, die Bestandteil unseres damaligen Unterrichtsprogramms waren? Die Antwort auf die Frage, was zu tun sei, wenn jemand einen Test nicht besteht, ist, mehr Training zu geben. Es handelt sich um ein Unterrichtsprogramm. Menschen, die zu Beginn nicht über bestimmte Fertigkeiten verfügen, werden diese hoffentlich zum Ende dieses Programms haben. Das Ziel des Trainingsprogramms zur Gestützten Kommunikation ist der eigenständige Gebrauch einer Kommunikationshilfe. Stützung wird gegeben, um Beeinträchtigungen der Handfunktionen zu vermindern. Diese werden nicht durch Ausschluss von Menschen aus Kommunikationsprogrammen vermindert werden. Der Diskussionsgegenstand sollte nicht die Stützung sein (obwohl diese einer regelmäßigen Beobachtung unterzogen werden muss, um festzustellen, ob Verbesserung stattgefunden haben), sondern die Auswahl der Kommunikationshilfe bzw. Strategie.

Es ist absurd und ungerecht, jemandem den Zugang zu einem Kommunikationsprogramm auf der Grundlage eines nicht bestandenen Tests zu verweigern. Es ist, als würde man einen 18-Jährigen für den Rest seines Lebens vom Autofahren ausschließen, nur weil er die erste Fahrprüfung nicht bestanden hat. Die Gültigkeit eines Kommunikationsprogramms sollte unabhängig von der Validierung der Kommunikation einer Person gesehen werden. Gina lernte zeigen, und ihre Verbalsprache verbesserte sich. Doron profitierte von seiner verbesserten Aufmerksamkeit, die sich von einer Minute bis auf eine Stunde steigerte, und von einer Verbesserung seiner Augen-Hand-Koordination. Maria begann zum ersten Mal Interaktionen zu initiieren.

Wir lernen gerade erst über die wirklichen Sprach-, Gedächtnis-, neuromotorischen- und Konzentrationsstörungen der Menschen mit schweren kommunikativen Beeinträchtigungen, die zwangsläufig deren Fähigkeit, alle Arten von Tests zu bestehen, beeinflusst haben. Wir müssen auf eine Zustand hinarbeiten, der es Menschen ermöglicht, eine vernünftige Einstellung gegenüber den Menschen zu haben, die mit Hilfe von Stützung zu kommunizieren beginnen; sie müssen darauf vorbereitet werden, die vorkommenden Probleme zu bewältigen.

Dem Inhalt mancher Kommunikation ist mit Vorsicht zu begegnen, so lange bis Gewißheit darüber besteht, dass sie vom Benutzer der Kommunikationshilfe stammt. Ein mangelnder Beweis ist kein Grund zu verhindern, dass jemand nonverbale Kommunikation anwendet. Ein Vielzahl von Kommunikationsstrategien könnten bei derselben Person in der Hoffnung angewendet werden, dass eine für eine Bestätigung als einfacher empfunden wird oder eine andere für eine unabhängige Benutzung geeignet ist. Jedoch ist ein anfängliches Scheitern beim Versuch, die Kommunikation zu validieren, kein Grund, eine Strategie von der Optionsliste zu streichen, besonders dann nicht, wenn die Strategie langfristig ein besseres Potenzial bietet. Zum Beispiel ist Buchstabieren die einzige Möglichkeit für Menschen mit schweren kommunikativen Beeinträchtigungen, präzise das auszudrücken, was sie sagen möchten. Folglich ist es vernünftig, einen beträchtlichen Aufwand in die Entwicklung des Buchstabierens und Zeigens zu investieren – zumindest so viel Aufwand, wie für die Entwicklung von Lese- und Schreibfertigkeiten bei nichtbehinderten Kindern investiert wird.

Weil Kommunikation so wichtig ist – nach Nahrung, Schutz und Liebe das wichtigste Bedürfnis des Menschen –, sollte im Zweifel immer für den Menschen entschieden werden. Viele sprachbeeinträchtigte Menschen verbringen ihr Leben damit, getestet zu werden und den Wünschen und Instruktionen der sprechenden Menschen gerecht zu werden. Testen der Validität kann einschüchternd, anstrengend und kontraproduktiv sein – wenden Sie Tests behutsam und in einer sympathischen Art an!

11 Wer hat was wem angetan?

Grenzen der nonverbalen Kommunikation

Vielleicht kennen einige die Geschichte von dem Jungen, der »Wolf!« schrie – ein Hütejunge, der so sehr von dem Anblick einer Herde alter Schafe gelangweilt war, dass er ein wenig Dramatik schaffen wollte. Er erregte große Aufmerksamkeit, indem er vorgab, ein Wolf würde die Schafherde attackieren. Er versuchte dies einige Male mit dem zufriedenstellenden Ergebnis, dass jedermann weglief. Nach einiger Zeit registrierten die Dorfbewohner die Absicht des Jungen und beschlossen, ihn zu ignorieren. Als er dann wieder »Wolf!« schrie, handelte es sich wirklich um einen Wolf, und der Junge und die Schafherde wurden getötet.

Wenn behinderte Kinder oder Erwachsene Dinge äußern, die wir eigentlich nicht hören wollen, ist es als Erziehungsberechtigte, Lehrer und Therapeuten unsere Aufgabe, zwischen wirklichen und eingebildeten Wölfen zu unterscheiden. Wenn wir wirkliche Wölfe ignorieren, wird dadurch Schaden angerichtet. Wenn wir eingebildete Wölfe als wirklich ansehen, kann auch ein Schaden angerichtet werden.

Um in der Lage zu sein, zwischen wirklichen und eingebildeten Gefahren zu unterscheiden, müssen wir die Ursachen, die Art und die Konsequenzen einer schweren kommunikativen Beeinträchtigung kennen.

Behinderung

Bei Personen mit Sprachbehinderungen, die eine augmentative Kommunikationsstratgie (nonverbal) anwenden, liegen Behinderungen wie beispielsweise Autismus, Zerebralparese oder Down-Syndrom zugrunde. Die Anwendung einer augmentativen Kommunikationsstrategie kann einer Person möglicherweise dazu verhelfen, effektiver zu kommunizieren, sie beseitigt aber nicht die zugrunde liegende Behinderung.

Die Art der Schädigung, die eine Sprachbehinderung verursacht hat, hat zur Folge, dass manche Menschen mit schweren kommunikativen Beeinträchtigungen größere Schwierigkeiten auf manchen Sprachebenen haben als sprechende Menschen. Die Fähigkeit, sich an bestimmte Wörter zu erinnern – besonders an Eigennamen –, ist bei vielen Menschen beeinträchtigt. Diese Schwierigkeiten könnte infolge von Wortfindungsstörungen und Störungen des Kurzzeitgedächtnisses entstehen. Einige dieser Menschen scheinen sich nicht an Details erinnern zu können, die sie gesehen oder gehört haben, obwohl sie den Zusammenhang verstehen.

Kommunikationsfertigkeiten

Kommunikationskompetenz wird nicht einfach durch Äußern von Lauten und Wörtern erreicht. Es erfordert Jahre, diese Kompetenz in alltäglichen, uns selbstverständlichen Situationen zu erlangen. Gerade diese Situationen waren sehr lehrreich; sie ermöglichten es uns, unsere Kommunikationsfähigkeit zu entwickelten und zu verbessern. Beispielsweise wurden die Fähigkeiten unseres Gedächtnisses durch Tätigkeiten entwickelt; wir holten Dinge für andere Personen (»John, kannst du mir das blaue Handtuch aus dem Schrank holen?«), wir übermittelten Nachrichten (»Sage Papa, dass das Essen fertig ist«) oder wir trafen Vorbereitungen für bestimmte Unternehmungen (»Du wirst deine Schwimmsachen, Sonnenmilch und Sonnenbrille für das Picknick einpacken müssen«). Nichtsprechende Menschen haben oft nicht das Vermögen und die Gelegenheit, diese Fähigkeiten in entsprechenden Situationen zu üben. Ebenso haben sie nicht das Vergnügen, mit anderen an Spielen oder Aktivitäten teilzunehmen, die die Kommunikation testen und herausfordern.

Zur gleichen Zeit, zu der wir den Umgang mit Wörtern erlernen, entwickeln wir auch pragmatische Fertigkeiten – alle anderen Fertigkeiten, die mit Kommunikationskompetenz assoziiert sind. Unter anderem lernen wir die Person anzusehen, zu der wir sprechen oder die zu uns spricht. Wir lernen, unsere Stimme zu heben und zu senken. Wir lernen, höflich zu sein. Wir lernen, unsere Themenbereiche zu erweitern oder zu verändern. Wir lernen, den Inhalt unserer Kommunikation durch einen entsprechenden Gesichtsausdruck zu begleiten. Wir lernen, wie man unterbricht und wann man nicht unterbrechen sollte. Wir lernen, welche Konsequenzen Übertreibungen und Lügen haben können.

Einige dieser Fertigkeiten sind für Menschen mit bestimmten Behinderungen schwer umzusetzen – beispielsweise haben einige dieser Menschen Schwierigkeiten, ihre Gesichtsmuskulatur zu kontrollieren, sodass ihr Gesichtsausdruck nicht dem entspricht, was sie sagen. Es ist auch nicht möglich, mit einer Kommunikationstafel zu schreien oder zu flüstern. Man kann die Person, mit der man kommuniziert, nicht ansehen, da der Blick auf die Tastatur gerichtet bleiben muss. Einige Kommunikationsfertigkeiten können aber durchaus durch Erfahrung erworben werden. Jemand, der aber gerade erst damit begonnen hat, eine Kommunikationshilfe zu benutzen, wird diese Erfahrung nicht haben; es könnte Jahre dauern, bis diese Erfahrung erworben wird. Die Realität der nonverbalen Kommunikation ist, dass nur wenige Benutzer von Kommunikationshilfen täglich mehr als einige hundert Wörter kommunizieren können; das entspricht der Anzahl, die man in zwei bis drei Minuten sprechen kann. Infolgedessen wird der benötigte Zeitraum, in dem Kommunikationskompetenz erworben werden kann, erheblich größer sein.

Wir tendieren dazu, alle Menschen an unseren eigenen Erfahrungen zu messen. Wir nehmen an, dass ein 18-Jähriger, der niemals gesprochen hat, mit einem 18-Jährigen zu vergleichen ist, der erst in diesem Alter seine Sprache verloren hat. Das ist ein Irrtum. Welche Primärbehinderung auch immer vorliegt, es ist höchst wahrscheinlich, dass ein Teenager mit einer schweren kommunikativen Beeinträchtigung Sprache anders erfahren und erlernt hat als eine nichtbehinderte sprechende Person. Abgesehen von dem Einfluss auf die Entwicklung von pragmatischen Fertigkeiten, wird dies auch die Entwicklung spezifischer Kommunikationsfertigkeiten beeinflussen. Einige Beispiele: Ein Teenager oder ein Erwachsener mit schweren kommunikativen Beeinträchtigungen ist möglicherweise nie in der Lage gewesen, eine Nachricht zu übermitteln und Erklärungen zu geben, deshalb müssen diese Fertigkeiten von einem Benutzer einer Kommunikationshilfe in einem relativ fortgeschrittenen Alter erlernt werden. Ein Teenager hat nie über die notwendigen Mittel verfügt, um Fragen zu stellen und beantworten zu können. Es ist wahrscheinlich, dass er seine gesamte Kindheit ohne die vielen Arten von grundsätzlichen Informationen durchlaufen hat, die einem Menschen erst durch Fragen zugänglich werden.

Es ist offensichtlich, dass Fragen ein wirkungsvolles Mittel ist, um Informationen zu erlangen. Kleinkinder ohne Sprachstörungen stellen sehr viele Fragen, die ihnen nicht nur Zugang zu Informationen und Vokabeln ermöglichen, sondern ihnen auch die Gelegenheiten schaffen, bei denen sie üben können, eine Interaktion zu beginnen, Sachverhalte klarzustellen, mit dem Gegenüber zu interagieren und ihm zuzuhören. Die Fähigkeit, Fragen beantworten zu können, ist ebenso wichtig. Erstens, sie ermöglicht es dem Kind, durch eine Antwort auf Fragen eine Auswahl zu treffen (»Was möchtest du trinken?«). Zweitens, das Beantworten von Fragen schafft eine Gelegenheit, Informationen zu wiederholen und zu überprüfen, und erfordert weiterhin die Fähigkeit, aufmerksam zu sein, zuhören zu können und sich an Informationen zu erinnern. Wie oft beantwortet ein sprechendes Kind Fragen wie »Wie alt bist du?«, »Wann ist dein Geburtstag?«, »Wo wohnst du?«. Nichtsprechende Erwachsene, denen nie solche Fragen gestellt wurden, könnten Schwierigkeiten haben, Informationen hervorzubringen, die vorher nie gefragt waren (oder möglicherweise nicht erworben wurden, da nicht nach ihnen gefragt werden konnte). Das Grundprinzip, jedem Informationen zu geben, der danach fragt, ist uns durch unsere Erziehung vermittelt worden; manchen Menschen ist dieses Prinzip jedoch vollkommen fremd.

Kommunikation ist ein wechselseitiger Prozess, in dem Fragen gestellt, Erklärungen abgegeben, Vorschläge gemacht werden und Rückmeldung gegeben wird. Menschen, die über keine oder nur eine eingeschränkte Verbalsprache verfügen, sind weniger in der Lage, eine Konversation zu beginnen, Fragen zu stellen, ihre Persönlichkeit zu offenbaren und soziale Situationen zu gestalten. Personen, deren Verbalsprache gestört ist, sind oft dazu gezwungen, eine untergeordnete Rolle einzunehmen, wodurch das Selbstwertgefühl und das Selbstvertrauen erheblich bestimmt werden können.

Behauptungen – mit Vorsicht zu behandeln

Menschen, Kinder oder Erwachsene mit nicht entwickelten oder eingeschränkten Kommunikationsfertigkeiten haben oft Schwierigkeiten bei der Übermittlung von Nachrichten. Das ist frustrierend für sie und irritierend für ihre Umwelt, aber es ist normalerweise nicht mehr als ein Ärgernis. Wenn aber eine Angelegenheit wichtig ist, kann ein kleines Ärgernis zu einem großen Problem werden. Eine solche Angelegenheit, die unverhältnismäßig viele Probleme für die Benutzer von Kommunikationshilfen und ihre Partner mit sich bringt, ist der Vorwurf von Misshandlungen. Das Problem beginnt, wenn ein Hilfenbenutzer jemanden beschuldigt. Solche Behauptungen könnten ihre Ursache haben in

- wirklichem Missbrauch,
- eingebildetem Missbrauch,
- erfundenem Missbrauch,
  a) erfunden vom Benutzer der Kommunikationshilfe,
  b) erfunden vom Partner,
    – unabsichtlich,
    – absichtlich,
- einem Missverständnis.

Tatsächlich ergeben sich die meisten Anschuldigungen wahrscheinlich aus Missverständnissen.

Wenn wir bedenken, wie oft wir an einem Tag um mehr Informationen bitten, erklären oder Äußerungen bestätigen müssen und trotzdem missverstehen und missverstanden werden, sollte uns die Erkenntnis nicht überraschen, dass nonverbale Kommunikation anfällig für Missverständnisse ist. Besonders wenn unerfahrene Hilfenbenutzer mit unerfahrenen Partnern kommunizieren, ist die Entstehung eines Missverständnisses wahrscheinlich. Wir können sagen »So habe ich das nicht gemeint« oder nachfragen »Wie bitte?«, eine nichtsprechende Person kann dies jedoch meist nicht. Es mangelt möglicherweise an den Fertigkeiten, dem Vokabular oder an Selbstvertrauen. In einer nonverbalen Interaktion ist das Machtverhältnis zugunsten des sprechenden Partners verschoben; es ist deshalb für die nichtsprechende Person nicht leicht, ein Missverständnis aufzuklären. Menschen, die der direkten Hilfe eines Sprechers bedürfen, um eine Nachricht zu übermitteln, sind besonders machtlos. Mike benutzt eine Scheibe, auf der er durch Blicke Buchstaben auswählt. Er wollte seiner Betreuerin mitteilen, dass er am nächsten Tag gerne schwimmen gehen wollte. Er konnte nur I WANT TO GO SWIMMING äußern, da seine Betreuerin dachte, sie hätte die Nachricht verstanden, und mit der Scheibe verschwand.

Die Arten von möglichen Missverständnissen und ihre Variationen sind vielseitig. Wenn eine Person ein Kommunikationssystem benutzt, das in seinem Vokabular eingeschränkt ist, kann ein Missverständnis dadurch auftreten, dass ein Symbol benutzt werden muss, das für viele Begriffe steht. Es ist dann oft nur möglich, undifferenzierte Aussagen wie »Ich hasse Schwimmen« anstelle von differenzierten Aussagen wie »Ich hasse Schwimmen, wenn das Wasser kalt ist« zu machen. Mit einem eingeschränkten Vokabular ist es nicht möglich, grammatisch korrekte Sätze zu bilden. Theresas Mutter war besorgt, als die 17-Jährige durch Zeigen äußerte: »Jungen böse Nacht tanzen.« Sie wäre weniger besorgt gewesen, wenn Theresa über das Vokabular verfügen würde, um exakt das auszudrücken, was sie sagen wollte: »Die Jungen waren gestern Abend gemein, denn sie wollten nicht mit uns tanzen.«

Buchstabieren ist nicht in der gleichen Weise eingeschränkt. Personen, die buchstabieren, können alles das »sagen«, was sie verständlich buchstabieren können. Trotzdem ergeben sich noch immer Probleme der Interpretation. Viele dieser Probleme ergeben sich daraus, dass geschriebene Sprache nicht durch Intonation und Körpersprache begleitet wird. Eine Mitschrift einer alltäglichen gesprochenen Konversation ist schwer zu verstehen, da sie nur Teile der Information enthält, die übermittelt wurde. Es fehlen die Betonungen, die Lautstärke, die Körpersprache oder das zustimmende Nicken, das eine Verkürzung eines Satzes während einer Unterhaltung zulässt. Wie der Mitschrift einer gesprochenen Konversation bleibt auch der gesamten nonverbalen Kommunikation die Möglichkeit der Betonung vorenthalten (außer der Gebärdensprache).

Wenn wir Schrift lesen, ordnen wir ihr unsere Betonungen zu. Der einfache Satz »Ich hatte schon etwas Kuchen« kann durch unterschiedliche Betonungen unterschiedliche Bedeutungen erlangen.

> *Ich* hatte schon etwas Kuchen
> (aber ihr habt noch keinen bekommen).
> Ich *hatte* schon etwas Kuchen
> (deshalb biete mir keinen an).
> Ich hatte schon *etwas* Kuchen
> (ich hätte gerne noch etwas).
> Ich hatte schon etwas *Kuchen*
> (ich hätte lieber etwas anderes).

Wenn ein Benutzer einer Kommunikationshilfe buchstabiert, könnte durch den Zusammenhang und den Gesichtsausdruck die Bedeutung klar werden. Wenn nicht, bleibt man entweder bei seiner Interpretation oder stellt Fragen, um den Inhalt der Nachricht zu erhellen. Eine Missinterpretation im Zusammenhang mit einer Frage nach einem Lebensmittel ist nur ein kleines Ärgernis. Aber nahezu jede Kommunikation, die sich grafischer Symbole oder Buchstaben bedient, ist anfällig für solche Missverständnisse. Es ist sehr wichtig, dass der Kommunikationspartner jede Nachricht noch einmal liest und überprüft, ob seine Interpretation dem entspricht, was der Benutzer gemeint hat.

Geschriebene Kommunikation ist auch aus anderen Gründen anfällig. Im Gegensatz zur Verbalsprache ist sie nicht vergänglich. Sobald jemand etwas ausgesprochen hat, ist die Aussage wieder verschwunden. Sie kann jemanden nicht verfolgen, es sei denn, sie wurde aufgezeichnet. Unglücklicherweise trifft das nicht auf geschriebene Kommunikation zu. Papierstreifen einer Kommunikatonshilfe können herumgereicht, durcheinander gebracht und vollkommen aus dem Zusammenhang gerissen werden. Da geschriebene Sprache nicht durch den Gesichtsausdruck begleitet wird, ist sie besonders leicht misszuverstehen (wenn Verbalsprache aufgezeichnet wurde, ist immer noch die Betonung vorhanden, und man könnte den Zusammenhang erahnen). Liz nimmt das letzte Stück Kuchen. Ich sage »Ich hasse Liz«, was kein Problem ist, wenn ich dabei grinse. Wenn ich aber denselben Satz tippe, kann das Papier herumgereicht werden, es kann erst Stunden oder Tage nach dem Vorfall gelesen und so interpretiert werden, als würde ich nicht mehr mit Liz zusammenleben wollen. Manche Menschen messen machinengeschriebenen Wörtern ein großes Gewicht zu, ohne den Verfasser nach der Bedeutung zu fragen. Je weniger Wörter getippt werden, desto gefährlicher wird es. Wenn ich getippt hätte, weshalb ich Liz in diesem Moment hasse, hätte es keine Rolle gespielt, wenn das Papier herumgereicht worden wäre. Die Trivialität und die Art der Interaktion wären offensichtlich geworden.

Die Tendenz, alles Getippte zu ernst zu nehmen, verursacht Schwierigkeiten. Auf meinen Vorschlag hin wurde Sally von ihrem Tagesbetreuungszentrum ein ca. 20 cm langes Rohr zur Verfügung gestellt. Es war beabsichtigt, dass sie dieses Rohr in ihrer Handinnenfläche halten sollte, während sie tippte. Ich dachte, dass es ihr helfen würde, den Zeigefinger zu isolieren. Es sollte so vermieden werden, dass der Stützer ihre Hand halten muss. Ihr Betreuer fand dieses Rohr in Sallys Wohnung und fragte nach dem Verwendungszweck. Sally machte den Fehler, sich einen Scherz zu erlauben. Sie tippte, sie hätte das Rohr, um die Betreuer und die anderen Bewohner zu schlagen. Der Betreuer übergab das Ausgedruckte dem Leiter der Einrichtung, und Sally wurde mit der Begründung aus der Einrichtung verwiesen, sie hätte Mitarbeiter und Bewohner bedroht!

Nun zu einer weiteren offensichtliche Grenze. Tippen ist sehr langsam. Man bemisst die Länge einer Nachricht oft an der Zeit, die normalerweise benötigt würde, um diese zu produzieren. Jemand, der gerade mit dem Tippen begonnen hat, erreicht im besten Fall 150 Wörter in einer Stunde. Unerfahrene Fachleute, die gewöhnlich viel beschäftigt sind (Lehrer, Ärzte, Sozialarbeiter, Polizisten, Anwälte usw.), tendieren dazu, die Anzahl an Wörtern mit dem zu vergleichen, was wir in einer Stunde aussprechen könnten. Tatsächlich entspricht die Zahl 150 dem, was wir in einer Minute aussprechen können. Es wird schwierig sein, einen Polizisten zu finden, der einen Fall auf der Basis einer einminütigen Aussage vor Gericht bringt. Bei der Überlegung, ob eine weitere Befragung durchgeführt werden soll, bevor jemand beschuldigt wird, ist es wichtig, die Menge an Material zu prüfen, auf das sich die Behauptungen stützen. Die dazu erforderliche Zeitspanne sollte nicht eingeschränkt werden.

Manche Menschen haben naive Vorstellungen bezüglich der Zeit, die selbst eine einfache Konversation erfordert. Pam, eine Frau mit Autismus, wurde an eine psychiatrische Einrichtung überwiesen, als ihr Verhalten zu problematisch wurde. Der Arzt bat um ihre Zustimmung zu einer Veränderung der Medikation. Er war erschrocken, als er registrierte, dass er dazu mehr als zwei Stunden benötigte. Pam verhielt sich nicht einmal unkooperativ, aber sie wollte einige Fragen stellen, die die neue Medikation betrafen. Wie der Arzt später bemerkte, hätte das Gespräch nicht länger als einige Minuten gedauert, wenn Pam in der Lage gewesen wäre zu sprechen. Die Befragung eines Benutzers einer Kommunikationshilfe in einer wichtigen Angelegenheit kann noch bedeutend mehr Zeit erfordern. Alle beteiligen Personen müssen sich dessen bewusst sein. Es sollte ausreichend Zeit eingeräumt werden, damit Ungerechtigkeiten vermieden werden.

Leider sind sprechende Menschen oft sehr zaghaft, wenn es um die Befragung von Menschen mit schweren kommunikativen Beeinträchtigungen geht; sie empfinden möglicherweise Mitleid oder befürchten, dass eine Befragung unfair sei, da sie als Zweifel empfunden werden könnte. Zum Teil ist diese Befangenheit auf die schon oben beschriebenen pragmatischen Aspekte zurückzuführen. Man empfindet es als schwierig, eine Unterhaltung mit einer Person aufrechtzuerhalten, mit der sich kein Blickkontakt herstellen lässt, die sich nicht durch eine gewohnte Körpersprache ausdrückt oder nicht in gewohnter Weise auf Äußerungen eingeht.

Bevor auf eine Behauptung reagiert wird, ist es wichtig, Antworten auf einige Fragen zu bekommen. Solche Fragen sind: »Ist dies das, was du sagen wolltest?«, »Was meintest du damit?«, »Ist das wahr?« und auch Fragen, die mit »Wer«, »Was«, »Wann« und »Wo« beginnen. Einige Personen geben ihre Träume und Phantasien wieder, entweder weil sie denken, sie wären Realität, oder weil sie einfach spannend sind. Der Einfluss der Phantasie kann nur durch detaillierte Fragen ermittelt werden. Solange keine detaillierten Informationen vorliegen, ist es absurd, eine Behauptung weiterzuleiten. Schwere kommunikative Beeinträchtigungen, kombiniert mit der Ungeduld und Unerfahrenheit der fragestellenden Person, kann dazu führen, die Informationen durch Suggestivfragen oder, noch schlimmer, durch Fragen, die nur Ja/Nein-Antworten erfordern, zu erhalten. Hier besteht eine große Gefahr, da Menschen mit lebenslangen Behinderungen gelernt haben nachzugeben und dazu neigen, in allen Angelegenheiten zuzustimmen.

Bei der Interpretation der Nachrichten wird häufig übersehen, dass Menschen mit schweren kommunikativen Beeinträchtigungen über einen einschränkten Erfahrungsschatz verfügen. Es war ihnen nie möglich, Fragen zu stellen und an Unterhaltungen mit Gleichaltrigen teilzunehmen. Sie können so ein zum Teil merkwürdiges Bild von der Welt haben. Lyn, eine junge Erwachsene, tippte, dass ein Polizist ihre Mutter vergewaltigt hätte. Glücklicherweise reagierte ihr Kommunikationspartner nicht sofort, sondern befragte sie eingehend. Es stellte sich heraus, dass Lyn annahm, »vergewaltigen« würde das Gleiche wie »flirten« bedeuten. Viele Behauptungen könnten auf unzureichenden Kenntnissen der Bedeutung der verwendeten Wörter beruhen.

Einige Missverständnisse entstehen durch die willkürliche Entscheidung des Partners darüber, wann die Kommunikation abgeschlossen ist. Erst kürzlich wurde ich von einem Lehrer angerufen, der berichtete, er würde annehmen, er hätte es mit einem Fall von sexuellem Missbrauch zu tun. Ein Schülerin hatte gerade »Dad is fucking me« getippt. Ich riet ihm, zurückzugehen und zu fragen, ob dies alles sei, was getippt werden sollte. Er rief zurück und berichtete, sie hätte »around« hinzugefügt. Sie wollte sich also nur über ihren Vater beschweren, der sie aufgrund ihres Schreiens getadelt hatte!

Bezogen auf Beschuldigungen, ergibt sich ein weiteres Problem, das nichts mit nonverbaler Kommunikation zu tun hat, sondern mir der Gesellschaft, in der wir leben. Seit einiger Zeit scheint es eine gesteigerte Wachsamkeit in Bezug auf sexuellen Missbrauch zu geben, die sich besonders auf die Erziehungsberechtigten richtet. Viele Menschen, die mit Behinderten arbeiten, scheinen sehr sensibel für Begriffe zu sein, deren Bedeutung sexueller Natur ist. Vielleicht erwarten sie nicht, dass eine solche Sprache von Menschen benutzt wird, die in einer »behüteten« Umgebung aufwachsen. Mary wollte einige Begriffe ausprobieren, die sie während der Pause auf dem Schulhof gehört hatte. Sie tippte: `PRICK FUCK CUNT` (»prick« und »cunt« sind vulgäre Begriffe für die Geschlechtsorgane). Ihr Integrationslehrer konsultierte den Schulleiter, der das Schlimmste befürchtete, nachdem Fragen zur » Klarstellung« gestellt wurden. Man fragte danach, »wessen« Geschlechtsorgane gemeint seien, und die Antworten lauteten

MARY und DAD. Später stellte die Logopädin fest, dass Mary Fragen, die mit »wessen« begannen, als Fragen im Sinne von »Wer hat ein ...?« verstand.

Leider reagieren viele Menschen im Zusammenhang mit nonverbaler Kommunikation völlig irrational. Manche scheinen zu glauben, dass etwas wahr ist, nur weil es getippt wurde. Wenn sich herausstellt, dass etwas unwahr ist, wird angenommen, dass die Person nicht schreiben kann. Die dritte Möglichkeit, dass eine Person tippen kann, aber wie andere Menschen auch lügen oder Fehler machen könnte, wird regelmäßig übersehen. Das hängt mit der Einstellung unserer Gesellschaft gegenüber geschriebener Sprache zusammen; sie wird gewöhnlich als ernsthafter und erheblich durchdachter als Verbalsprache angesehen. Die australische und amerikanische Polizei haben aufgrund von geschriebenem Material ermittelt. Es wären keine Ermittlungen aufgenommen worden, wenn die Inhalte dieses Materials verbal geäußert worden wären.

Es sollen Hände gelesen werden und keine Gedanken

Ein weiteres Beispiel für die Bereitwilligkeit, getippte Informationen uneingeschränkt für wahr halten, ist der Glaube an Telepathie, der kürzlich in einigen Einrichtungen zutage kam, in denen Gesützte Kommunikation benutzt wird. In der Regel ein oder auch mehrere Stützer glauben, dass der Benutzer einer Kommunikationshilfe ihre Gedanken liest. Manchmal fragten die Stützer nach den telephatischen Fähigkeiten und bekamen ein »Ja« zur Antwort.

Ein ähnlicher Zwischenfall, an dem ein Klient des DEAL-Zentrums beteiligt war, ereignete sich vor einigen Jahren. Jill besuchte die Mittelstufe einer Regelschule, als einige ihrer Stützer, die mit ihr in der Klasse arbeiteten, berichteten, dass sie »in ihre Gedanken eindringen würde«. Jills Mutter dachte auch, Jill würde über telephatische Fähigkeiten verfügen, und sie gab einige Beispiele von Situationen, in denen Jill Dinge tippte, die nur sie wissen konnte. In diesem Stadium empfing Jill nur minimale Stützung von ihrer Mutter, die normalerweise nur ihre Hand auf Jills Knie legte. Als ich Jill und ihre Mutter bat, diese Fähigkeit zu demonstrieren, wurde deutlich, dass Jill körperliche Zeichen von ihrer Mutter empfing. Jills Mutter bewegte unbewusst ihre Hand in Richtung der Buchstaben, von denen sie erwartete, dass Jill sie als nächstes auswählen würde, um das Tippen zu beschleunigen. Sie verhielt sich in ähnlicher Weise wie ein Beifahrer, der versucht, einen inkompetenten Autofahrer durch die Bedienung einer nicht vorhandenen Bremse oder eines nicht vorhandenen Gaspedals zu beeinflussen. Als sie annahm, dass Jill über telephatische Fähigkeiten verfügt, erwartete sie, dass Jill das tippen würde, was sie gerade dachte. So bekam dieser Prozess eine Eigendynamik.

Jill räumte ein, dass sie in der Schule versucht hatte, Hinweise von ihren Stützern, die sie am Handgelenk stützten, zu empfangen. Anfangs versuchte sie, Antworten für ihre Schularbeiten zu erhalten. Als sie merkte, dass es möglich ist, machte sie sich einen Spaß daraus. Jill kannte ihre Stützer gut. Sie versuchte, einen berechenbaren Themenbereich auszuwählen – wenn die Stützer ihr auf den Leim gingen, setzte sie ihre Erkundungen fort; wenn nicht, löschte sie das, was sie bis dahin getippt hatte, sodass es als ein Verlust der Konzentration aufgefasst wurde. Jills Mutter war damals verzweifelt. Sie war besorgt, dass alles, was Jill mit ihr in der Vergangenheit geschrieben hatte, das Produkt ihrer Hinweise war und Jill nicht in der Lage sein könnte zu kommunizieren. Ich wusste, dass dem nicht so war, da Jill nie meine Gedanken aufgeschrieben hatte. Außerdem hatten sich ihre Rechtschreibung und ihre Grammatik in den letzten Jahren verbessert. Um ihrer Mutter zu zeigen, dass sie wirklich schreiben konnte, absolvierte sie einige Tests, die die Übermittlung von Nachrichten forderten. Kurze Zeit später tippte sie unabhängig, ohne jeden körperlichen Kontakt durch einen Kommunikationspartner. Die Berichte über Jills telephatische Fähigkeiten verstummten zu diesem Zeitpunkt.

Jills Geschichte ist in vieler Hinsicht lehrreich. Sie zeigt, wie eine Geschichte über Telepathie, als Folge der Übermittlung von Informationen durch feine körperliche Signale, entstehen kann. Es wird auch ersichtlich, dass Jill alles andere als ein passiver Teilnehmer in einem Prozess ist. Sie suchte aktiv nach Hinweisen und nutzte ihre guten Lese- und Schreibkenntnisse, um von den Hinweisen durch intelligente Strategien zur Vervollständigung von Wörtern und Sätzen zu profitieren. Schließlich war »Handlesen« für Jill eine sehr lohnende Aktivität; nicht nur, weil sie sehr gute Noten erhielt, sondern auch deswegen, weil ihre »paranormalen« Fähigkeiten sie in den Mittelpunkt des Interesses rückten. Sie konnte unbefangen die Geschichte mit der Telepathie fortsetzen, bis ihre Schule ihre Examensnoten mit der Begründung nicht anerkannte, dass sie die Informationen über die Stützer erfahren hätte. Die meisten ihrer Stützer weigerten sich, weiter mit ihr zu arbeiten, da sie in ihre Privatsphäre eindrang. Der Prozess des Handlesens war nur möglich, weil sie mehr Sützung von ihren Stützern erhielt, als eigentlich notwendig war.

Bis heute habe ich von einigen Fällen von Telepathie erfahren, die nicht durch ähnliche Vorgänge wie im Falle von Jill erklärbar sind. In jedem Fall, in dem paranormale Fähigkeiten vermutet werden, sollte zunächst der Prozess des Stützens genau untersucht werden. Es soll dabei festgestellt werden, ob die Mechanismen zur Übermittlung von Nachrichten präzisiert und der Grad der Stützung reduziert werden kann. Alle beteiligten Stützer sollten ihr Vorgehen überprüfen und sich an die Grundprinzipien der Stützung erinnern. In solchen Situationen ist die Überwachung des Blickkontakes, das Zurückziehen und die Reduzierung der Stützung von besonderer Bedeutung. Es ist darüber hinaus wichtig, dass neuen Stützern nicht gesagt wird, dass »telephatische« Kommunikation zu erwarten wäre. Diese Erwartungshaltung könnte, wie bei Jills Mutter, dazu führen, sie selbst unbewusst zu erschaffen.

Das Kind soll nicht mit dem Bade ausgeschüttet werden

Nonverbale Kommunikation, gleich welcher Art, ist begrenzt und anfällig für Fehler. Es ist wahrscheinlich, dass eine sehr stark eingeschränkte Kommunikation genauso wie flüssigere Kommunikation Probleme verursacht. Die Natur dieser Probleme ist aber verschieden. Unvollkommene Kommunikation verursacht in erster Linie Probleme für den Benutzer der Kommunikationshilfe. Im Gegensatz zur Stille, die möglicherweise vor der Benutzung der Kommunikationshilfe herrschte, stellt eine solche unvollkommene Kommunikation auch die Mitmenschen vor Probleme. Es besteht ein hohes Risiko, dass unser Unvermögen, mit den aufkommenden Problemen umzugehen, dazu führt, dass wir Menschen mit schweren kommunikativen Beeinträchtigungen sanktionieren und unsere Probleme dadurch lösen, dass wir sie zum Schweigen bringen.

Das Trainingsprogramm zur Gestützen Kommunikation ist eine Methode, Menschen im Umgang mit Kommunikationshilfen zu unterrichten. Diese Methode ist in keinster Weise eine Heilmethode. Sie ist nicht einmal eine besonders gute Methode zur Kommunikation. Sie hat aber einige Menschen in die Lage versetzt, zum ersten Mal in ihrem Leben wirklich zu kommunizieren. Eine Kommunikation, die mit Hilfe von Stützung entsteht, ist unvollkommen. Es ist aber für einige Menschen im Moment die sinnvollste Möglichkeit. Bis wir eine bessere Alternative finden, liegt es an uns, dafür Sorge zu tragen, dass die Gestützte Kommunikation so gut wie nur möglich genutzt werden kann.

Einige Grundprinzipien zur Anwendung der Gestützen Kommunikation

- *Überwachung des Blickkontaktes.* Stelle sicher, dass die Person, die gestützt wird, auf die Anzeige der Kommunikationshilfe bzw. auf die Tastatur schaut. Die Entwicklung der Augen-Hand-Koordination und die Fähigkeit zur Selbstbeobachtung sind von essenzieller Bedeutung, wenn die Unterstützung reduziert werden soll.

- *Überwachung der Ausgabe.* Laß den Benutzer von Kommunikationshilfen wissen, wenn eine Nachricht nicht ankommt. Wenn jemand eine Reihe von Konsonanten ohne einen Vokal tippt, ermutige, diese zu löschen. Es soll dann nach dem letzten verständlichen Teil neu begonnen werden. Manchmal produzieren Individuen »Müll«, wenn sie nicht sicher sind, was sie sagen sollen – vielleicht muss eine Frage klarer gestellt oder die Konversation besser strukturiert werden.
- *Ziehe zurück.* Keines der Probleme bei den Handfunktionen wird durch Druck nach vorne gemindert. Vielen Problemen wird abgeholfen, indem man Widerstand gibt, zurückzieht oder verlangsamt. Die Gewohnheit, zurückzuziehen oder Widerstand zu geben, schützt den Stützer vor irrtümlicher Leitung des Hilfenbenutzers.
- *Reduziere Unterstützung.* Das Ziel des Trainigsprogramms ist die unabhängige Nutzung der Kommunikationshilfe. Der Grad der Stützung sollte regelmäßig geprüft und angepasst werden. Es sollte immer nur das Minimum sein, das für eine erfolgreiche Nutzung der Kommunikationshilfe benötigt wird.
- *Überinterpetiere nicht.* Sei dir bewusst, dass jede Bedeutung, die du einer Reihe von Konsonanten ohne Vokale oder einer Reihe von Substantiven ohne Verben gibst, deine Interpretation ist.
- *Glaube nicht alles, was dir gesagt wird.* Menschen mit Behinderungen neigen wie jeder von uns dazu zu übertreiben, zu phantasieren und zu lügen. Eine von Natur aus unwahrscheinliche Äußerung wird nicht dadurch wahr, dass sie geschrieben ist.

12 Fallstudien

Fallstudie 1 – Ian

Ian war zwölf Jahre alt, als seine Mutter ihn ins DEAL-Zentrum brachte. Er hatte zu diesem Zeitpunkt schon verschiedene Etiketten getragen. Er wurde zunächst als Zerebralparetiker eingestuft und besuchte eine entsprechende Abteilung einer Sondereinrichtung. Von einer Schule für Zerebralparetiker wurde er mit der Begründung abgewiesen, eine solche Behinderung läge nicht vor. Unabhängig davon, ob er nun Zerebralparese hatte oder nicht, war es offensichtlich, dass erhebliche neuromotorische Beeinträchtigungen vorlagen – er hatte Schwierigkeiten zu gehen und einen ungewöhnliche Körperhaltung. Er wurde darüber hinaus als schwer geistig behindert eingestuft und besuchte eine Schule für Kinder, deren IQ unter 50 liegt. Es lag keine formale Diagnose »Autismus« vor, Ian zeigt aber autistische Züge – er war fasziniert von elektrischen Lichtern, sah sie an und machte stereotype Bewegungen mit seinen Fingern, er schaukelte vorwärts und rückwärts, und seine Versuche zu sprechen waren unklar und durch Wiederholungen gekennzeichnet. Ians Geräusche und Schaukeln waren natürlich nicht das typische Verhalten eines Elfjährigen und trugen zu dem Eindruck der Zurückgebliebenheit bei. Sein Verhalten wurde aber durch seinen Sinn für Humor und seine Kontaktbereitschaft in sozialen Interaktionen ausgeglichen. Er lachte oft als Erster im Raum über einen Witz.

Ians verbalsprachliche Möglichkeiten waren sehr eingeschränkt. Nur sehr selten konnte er einen klaren Satz hervorbringen. In der Regel war seine Sprache unverständlich, es wurden nur sonderbare Ausdrücke und einzelne Wörter produziert. Ein Programm zum Erlernen der Gebärdensprache ermöglichte es ihm, mindestens 50 Zeichen zu erkennen, von denen er aber weitaus weniger selbst produzieren konnte. Er übte mit einem Logopäden das Erkennen von Wörtern, und seine Mutter leistete im Laufe der Jahre eine erhebliche Arbeit mit Flash-Karten.

Meine Aufzeichnungen aus seiner ersten Sitzung:

Ian ist leicht ablenkbar. Er war von dem Lichtschatten fasziniert, der dem in der häuslichen Umgebung ähnlich war; folglich arbeiteten wir die meiste Zeit im Dunkeln. Wenn wir Blickkontakt hergestellt hatten, fesselten und amüsierten ihn meine Augen und mein Gesicht. Es war deshalb oft notwendig, dies zu vermeiden, um ihn wieder zur Aufgabe zurückzubringen. Ian wird, ohne hinzusehen, nach dem Zufallsprinzip mit einer hohen Fehlerquote zeigen, es sei denn, es wird ein erheblicher Aufwand betrieben, seine Aufmerksamkeit auf eine Aufgabe zu richten. Wenn Ian vor einem vorschnellen Zeigen bewahrt wird, sodass er sich mit der Aufgabe beschäftigen kann, sinkt seine Fehlerquote erheblich.

Ian hatte eine Gewohnheit, Blickkontakt zu erzwingen – er machte ein Geräusch, und man sah hin, er stellte sich von Angesicht zu Angesicht gegenüber und fing so den Blick seines Gegenüber, nahezu ein. Ich bemerkte, dass es ein Fehler war, ihn zu drehen, wenn er zu verbalisieren versuchte. Es war dagegen sinnvoller, den Blickkontrakt zu vermeiden, bis er seine Aufmerksamkeit wieder auf die Aufgabe richtete. Ian griff sehr erfolgreich auf diese Strategie zurück, um die Bearbeitung von Aufgaben zu vermeiden und Aufmerksamkeit auf sich zu richten. Seine Konzentration wurde ebenso durch die regelmäßigen Versuche zu sprechen unterbrochen, die sich normalerweise auf Versuche beschränkten: »Ich will …« , »Ich würde gerne …«, und sich dann in Unverständlichkeit verloren.

Ian demonstrierte den Gebrauch seines Wörterbuches mit seinem Logopäden mit wenig Enthusiasmus. Jede Seite dieses

Wörterbuches enthielt fünf Wörter. Wenn Ian gebeten wurde, auf ein benanntes Wort zu zeigen, waren seine Antworten zu 50% korrekt. Ich legte einige Wörter paarweise aus. Wenn ich Ians linkes Handgelenk festhielt, damit er sich nicht von der Aufgabe abwendete, gebrauchte er seine rechte Hand, um mit 100% Erfolg auf die benannten Wörter zu zeigen.

Ians Erinnerungsvermögen in Bezug auf Wörter war erfreulich. Für einen Menschen, der als schwer geistig behindert eingestuft worden ist, machte er seine Aufgabe sehr gut, aber es veranlasste mich nicht, seine Diagnose infrage zu stellen. Bis zu diesem Zeitpunkt wurde am DEAL-Zentrum vorwiegend mit Menschen gearbeitet, bei denen schwere körperliche Beeinträchtigungen vorlagen, Ian war einer der ersten Schüler, der gehen konnte. Seine körperlichen Fertigkeiten waren für einen Menschen mit Zerebralparese gut entwickelt. Wenn er intellektuell in der Lage war, einige Dinge zu bewältigen, wie etwa Zeichen zu erkennen, gab es keine körperlichen Gründe, die dagegen sprechen würden, dies nicht auch zü tun. Zum damaligen Zeitpunkt schätzten wir die Auswirkungen, die Probleme bei der Bewegungsplanung auf Menschen mit Entwicklungsbehinderungen haben könnten, noch nicht ein.

Mein Kommentar zu Ende dieser Sitzung:

Ians gegenwärtiges Kommunikationsprogramm scheint angemessen zu sein ... Neben direkten Vorteilen für seine Kommunikation könnte es für ihn auch motivierend sein, wenn er sein unproduktives Verhalten besser in den Griff bekommen könnte. Er könnte uns so mehr Fähigkeiten zeigen, als er es gegenwärtig tut.

Ian kam in den nächsten sechs Monaten nicht zum DEAL-Zentrum zurück. Während dieser Zeit hatte wir mehr Menschen wie ihn gesehen. Menschen mit keiner oder nur geringer Verbalsprache, die als erheblich geistig behindert diagnostiziert wurden, die zwar gehen konnten, deren beeinträchtigte Handfunktionen sie aber gehindert hatten, alle ihr Fähigkeiten zu demonstrieren. Wir dachten an Apraxie, und wir lernten die Optionen, die wir Einzelnen anboten, nicht aufgrund der von ihnen getragenen Etiketten einzuschränken. Als Folge daraus boten wir eine andere, mehr offene Strategie zur Beurteilung an. Diese wurde um ein Kinderspielzeug, einen sprechenden Computer, aufgebaut. Der Therapeut präsentierte eine Reihe von Fragen, die von dieser Maschine gestellt wurden und vom Schüler durch Drücken einer entsprechenden Abbildung auf der Anzeige beantwortet werden konnten. In dieser Sitzung unterstützte ich Ians rechtes Handgelenk. Er streckte seinen Zeigefinger sehr gut, und tatsächlich, als sein Handgelenk unterstützt wurde, offenbarte er gute Fertigkeiten in seinen Hand- und Fingerbewegungen. Er konnte so in einer Position gehalten werden. Wenn das Gebiet, das abgedeckt werden sollte, klein war, würde er seine Hand oder seinen Finger in die Richtung der ausgewählten Taste oder der ausgewählten Abbildung schwingen. Er komplettierte das Farbenarbeitsblatt des Talking Computers, die Maschine forderte ihn auf: »Zeige mir das Wort blau« oder »Zeige mir braun«, und das Bildarbeitsblatt: »Zeige mir das Auto« oder »Zeige mir das Wörterhaus.« Auf einem anderen Arbeitsblatt befanden sich Buchstaben; Ian zeigte auf Buchstaben, die ich ihm genannt hatte. Er buchstabierte `I CANT FINCD LETTERS`; was eigentlich nicht stimmte, wenn er auch ein wenig suchen musste. Dann buchstabierte er `IL WRITE` und `IM IDIOTICK`.

Ich holte dann einen Canon Commmunicator, eine Minischreibmaschine mit einer Plastikabdeckung, die verhindert, dass zwei Buchstaben gleichzeitig gedrückt werden. Ich fragte Ian nach seinen Aussagen »Ich will ...« oder »Ich würde gerne ...« und bat ihn zu tippen, was er gerne möchte. Er tat dies nicht, die wiederholten Phrasen schienen also nicht ein aktuelles Bedürfnis auszudrücken. Ich fragte ihn weiter, warum er diese Dinge sagen würde, wenn er doch eigentlich nichts wollte, er tippte `I SPEAK SO YOU DON'T`.

Bei seinem nächsten Besuch buchstabierte Ian mit einem ehrenamtlichen Mitarbeiter, der sein Handgelenk hielt, in der Sitzung danach mit einem Logopäden. Einige Wörter buchstabierte er phonetisch, besonderes solche Wörter, die er möglicherweise nie geschrieben gesehen hatte (RINCEROS – rhinoceros). Seine Mutter bat ihn, den Namen des Hundes eines Freundes mitzuteilen, eine Aufgabe, die Anforderungen an sein Gedächtnis stellte und überprüfen sollte, ob er etwas hervorbringen könnte, über das der Therapeut keine Kenntnis hat. Ian buchstabierte BO, der Name des Hundes war Beau. Kurze Zeit später begann Ian, mit Hilfe seiner Mutter so flüssig wie mit den DEAL-Mitarbeitern zu buchstabieren.

Ians Mutter war mit seiner Situation in der Sonderschule unzufrieden, in der die Mitarbeiter nicht gewillt schienen, Kommunikationsprogramme durchzuführen. Schon 1987 beantragte sie für ihn, eine Regelschule für einige Vormittage besuchen zu können. In einer Regelschule könnte er nicht nur seine Sprache durch Kontakt mit anderen Schülern weiter ausbilden, sondern mit einer Einzelbetreuung an seinen Gebärden und seiner gesamten Kommunikation arbeiten. Das alles wurde schon in die Wege geleitet, bevor jemand daran dachte, dass Ian buchstabieren könnte. Er buchstabierte seine ersten Wörter gerade zu Beginn des Schulbesuchs. Zu Anfang war Ian dort sehr laut, und es war schwierig, ihn dazu zu bringen, Dinge zu tun. Man wusste dort eigentlich nicht, auf welchem Niveau man ihn ansprechen sollte. Alle diese Schwierigkeiten trugen dazu bei, dass Ian anfänglich negativ aufgenommen wurde. Besonders dann, wenn er in Gelächter ausbrach, bekam er Probleme. Sein Gelächter war schon im DEAL-Zentrum als ziemlich störend empfunden worden, es muss sich wohl sehr störend in einem Klassenraum ausgewirkt haben. Ich war nie sicher, ob dieses Lachen unfreiwillig war, ob es Aufmerksamkeit bringen oder stören sollte.

Ian wurde in die fünfte Klasse eingestuft, er war so zwei Jahre älter als die anderen Schüler, aufgrund seiner zierlichen Gestalt fiel er dort aber nicht auf. Sein Verhalten in der Klasse stellte ein erhebliches Problem dar und führte dazu, dass er mit Aktivitäten beschäftigt wurde, die weit unter dem Niveau der Aktivitäten der anderen Schüler, aber auch hinter seinen eigenen Möglichkeiten lagen. Er benötigte dringend eine Möglichkeit zur Kommunikation.

Sechs Wochen nach seinem Start in der Grundschule besuchten Ians Lehrer und seine Integrationshilfe das DEAL-Zentrum. Wir kamen überein, Ians Hilfe in der Anwendung seiner Kommunikationsstrategien zu unterrichten. In wenigen Wochen buchstabierte Ian flüssig, wenn seine Hilfe sein Handgelenk stützte. Es war bald möglich, damit zu beginnen, die Unterstützung zurückzunehmen, und innerhalb eines kurzen Zeitraumes konnte er mit der Hand seiner Hilfe unter dem Ellbogen buchstabieren. Ein Logopäde fragte Ian, was gegen das laute Lachen getan werden könnte. Er buchstabierte: `IF I KEEP LAUGHING TELL ME »KEEP QUIT« - VERY POLITLY`. Seine Lacher waren noch für einige Zeit ein Thema. Einen Monat später buchstabierte er: `I AM A FOOL SO I DONT HAVE TO DO SOME WORK.` Als Ian begann, seine wirklichen Fähigkeiten im Klassenraum zu zeigen, begann sich auch sein Verhalten zu bessern. Die Zeit, die er in der Regelschule verbrachte, wurde ausgedehnt.

Viele Besucher des DEAL-Zentrums hatten neuromotorische Auffälligkeiten, die für das ungeübte Auge nicht sofort sichtbar waren. In Ians Fall machten seine Schwierigkeiten beim Gehen alle darauf aufmerksam, dass ein neuromotorisches Problem tatsächlich vorliegt. Es gab auch eine breite Übereinstimmung hinsichtlich der Tatsache, dass Ian kontinuierliche körperliche Förderung und Ergotherapie benötigen würde. Im Juni besuchte uns die Krankengymnastin der Schule und verglich ihre Aufzeichnungen mit den Aufzeichnungen unserer Kollegin am DEAL-Zentrum. Unsere Krankengymnastin stellte die Hypothese auf, Ians Schaukeln und seine stereotypen Verhaltensweisen könnten ein Versuch sein, mehr kinästhetische Rückmeldung zu erhalten. Sie versuchte, sich hinter Ian zu stellen und seine Schulter vorsichtig herunterzudrücken, während er tippte. Obwohl er dies nicht mochte, tippte er flüssiger und schneller, wenn ihm diese kinästhetische »Eingabe« gegeben wurde. Außer über seine eingeschränkte Fixierung und Beweglichkeit der Augen wurde auch noch über seine nicht entwickelten Handfunktionen und seine allgemeine Apraxie gesprochen. Es wurde beschlossen, gemeinsame bilaterale oder unilaterale Handfunktionsübungen und mehr kinästhetische Stimulanzen in das laufende Programm aufzunehmen. Diese Maßnahmen wären gut gewesen, wenn Ian kooperiert hätte, leider tat er das die meiste Zeit nicht.

Zu diesem Zeitpunkt besuchte Ian die Regelschule an fünf Vormittagen und einem Nachmittag. Innerhalb von zehn Wochen konnte er dort den regulären Stoff bearbeiten. Zweimal pro Woche erhielt er Nachhilfe in Mathematik. Es stellte sich heraus, dass Ian nicht alles erst in der Schule gelernt hatte. Tatsächlich erlaubte ihm die Benutzung einer Tastatur zu zeigen, dass er schon Sprech- und Lesefertigkeiten entwickelt hatte.

Während andere DEAL-Mitarbeiter mit Ian arbeiteten, traf ich ihn bis September 1987 nicht mehr. Ich wurde herbeigeholt, um ihm die Leviten zu lesen, da er in der Schule die Arbeit verweigerte. In dieser Sitzung verhielt er sich ziemlich vernünftig, kicherte und lachte nicht, setzte nur einige Male zu seinen belanglosen verbalen Äußerungen an, und sein Blickkontakt war normal. Es hatte absolute Priorität, Ians Unabhängigkeit zu steigern; ich bemerkte, dass er manchmal unabhängig, ohne Unterstützung des Arms, auf dem Communicator buchstabieren konnte. Er benötigte aber dazu den Druck meiner Hand auf seiner Schulter, der seine kinästhetische Rückmeldung verbessern sollte. Für kurze Zeit hatten wir so Erfolg, es wurden aber drei Probleme offensichtlich. Erstens, er hatte Schwierigkeiten, seinen Arm gegen die Schwerkraft zu heben und in Position zu halten. Diese Fähigkeit war aber notwendig, damit er eine Tastatur mit einem Finger bedienen konnte. Zweitens, sein Unterarm tendierte dazu, sich in Richtung seines Daumens zu drehen, sodass sein Zeigefinger hochschwang und sich von der Tastatur entfernte. So war es ihm zwar möglich, auf eine Taste zu zeigen, aber nicht möglich, Druck auszuüben. Diese Drehung wurde durch Ians Stützer intuitiv ausgeglichen. Drittens, er neigte dazu, sein Handgelenk abzuknicken, was zu einer Senkung der Hand und wiederum zu einem Knicken des Zeigefingers führte. Auch das hinderte ihn daran, Druck auf die Tasten auszuüben. Möglicherweise drücke er die richtige Taste nicht hart genug und verpasste folglich jeden zweiten Buchstaben. Wenn Ians Arm gestützt wurde, entweder an seinem Ellbogen oder durch Halten seines Ärmels, normalisierte sich die Position seines Handgelenks. Dies ermöglichte ihm kräftigere und leichtere Fingerbewegungen. Ich versuchte, neben Ian zu sitzen und mein Knie anzuheben, damit er seinen Arm auf mein Knie legen konnte, wenn er tippte. Diese Position stellte sich als sehr effektiv heraus. Es würde aber offensichtliche Schwierigkeiten geben, diese Maßnahme im Klassenraum anzuwenden. Es schien im Augenblick keine einfache Antwort auf diese Schwierigkeiten zu geben. Wir schlugen verschiedenen Aktivitäten vor. Er sollte Löcher in einen Tonklumpen stechen, sodass er die Möglichkeit hatte, den Muskeltonus seines Fingers zu verbessern. Durch Arbeiten mit Gewichten sollten sein gesamter Arm und seine Schultern gestärkt werden. Diese Maßnahmen und kontinuierliche Übung durch Tippen führten zu einer Verbesserung.

Gegen Ende seines ersten Jahres, in dem er sich mit Buchstabieren und Tippen befasste, konnte Ian nur mit einer Schulterberührung des Stützerfingers tippen. Voraussetzung war, dass sich seine Kommunikationshilfe auf einem Tisch befand, der niedriger als die Armlehne seines Stuhls war, damit er seinen Arm nicht gegen die Schwerkraft zu heben brauchte. Wenn er auf diese geringe Stützung zurückgreifen konnte, war er langsamer, er konnte jedoch diese Anstrengung nicht lange aufrechterhalten. Außerdem verminderte die Unabhängigkeit die Präzision seiner Zeigebewegungen, sodass er größere Flächen für die einzelnen Buchstaben benötigt hätte. Die einzige Hilfe, die uns zur Verfügung stand, war ein frühes Modell eines Sprachsynthesizers (Vocaid) mit einer entsprechenden Größe der Buchstaben. Die Buchstaben dieses Geräts hatten eine Größe von 2 cm^2, es fehlte aber an einer schriftlichen Ausgabemöglichkeit. Während es für Konversationen sehr geeignet war, war es für das Arbeiten in der Schule ungeeignet. Ian selbst bevorzugte, gehalten zu werden: LESS ARM SUPPORT IS HARD WITH ARM SUPPORT I FEEL BETTER.

1987 war Ian Vollzeitschüler der sechsten Klasse einer regulären Schule. Am DEAL-Zentrum wurde weiter mit ihm gearbeitet. Seine Lehrer und Betreuer konnten dort Informationen und Training erhalten. Er wurde von einer Ergotherapeutin betreut, die seine Handfunktionen beobachtete und ihn bei der Auswahl der für ihn besten Tastatur beriet. Sie berichtete von Ians Bewegungschwierigkeiten, seinem Problem, eine Bewegung geschehen zu lassen. Der Versuch war zwar vorhanden, die Ausführung gestaltete sich aber schwierig. In einem Test, der Funktionen der oberen Extremitäten überprüfen sollte, erreichte Ian mit seiner bevorzugten rechten Hand 37/75 Punkte. Unser Techniker begann einen speziellen Stuhl mit einer justierbaren Armlehne, als Stütze für den Arm und als Halterung für seine Kommunikationshilfe für ihn zu bauen.

Zu dieser Zeit herrschte in Victoria Unruhe in Fachkreisen. Sie wurde durch die Resultate von Ian und anderen Menschen mit ähnlichen Diagnosen ausgelöst, die zum DEAL-Zentrum kamen. Als Reaktion darauf wurde eine Regierungskommission gebildet. Der »Intellectual Diability Review Panal« (IDRP) sollte eine offizielle Untersuchung der, wie sie es nannten, »assisted communication« durchführen. Ian befürchtete, dass das DEAL-Zentrum unter Druck geraten könnte, und tippte eine Nachricht anlässlich der jährlichen DEAL-Hauptversammlung.

> A chance to communicate is ever so important. You should never deny someone the opportunity to talk. I think that my life is just starting to come together now. I hate having people doubt I can understand, but it is so hard not to behave as is I was stupid.

Die Kommission testete gegen Ende des Jahres 1988 sechs Klienten des DEAL-Zentrums. Ian war einer von ihnen. Zu diesem Zeitpunkt war Ian von verschiedenen Mitarbeitern, freiwilligen Helfern und Familienangehörigen gestützt worden. Er tippte auch erfolgreich als ein Mitglied der Kommission ihn stützte. Der Test war einfach, schnell und unkompliziert. Er wurde durchgeführt, um sicherzustellen, dass Ian der Urheber der Nachrichten ist und nicht der Stützer. Die Tester gaben Ian ein Geschenk, als sein regulärer Stützer abwesend war. Es handelte sich um ein Buch, »The Man From Snowy River«, eine bekannte australische Geschichte aus der Zeit des 19. Jahrhunderts um einen Händler, der wilde Pferde zureitet. Als der Stützer wieder in den Raum gerufen wurde, sollte Ian ihm mitteilen, was er bekommen hatte. Er tippte »BOOK.« Auf die Frage, worum es in diesem Buch gehe, tippte er »EARLY DAYS.« Die Ermittler folgerten:

> It is clear from the above message passing exercise that this client's communication whilst using assisted communication has been confirmed. *(Intellectual Disability Review Panal,* 1989, S. 38*)*
> (An der Aufgabe zur Übermittlung von Nachrichten wurde deutlich, dass die Kommunikation mit Hilfe der Assisted Communication bestätigt wurde.)

Insgesamt validierten vier von sechs DEAL-Klienten, die durch den IDRP getestet wurden, ihre Kommunikation mit Hilfe von Stützung.

Mit steigender Flüssigkeit beim Tippen begann sich Ians Sinn für Humor auch in kreativem Schreiben auszudrücken. Ende des Jahres 1988 nahm er an einem Wettbewerb der australischen Telecom teil, bei dem es darum ging, einen kleinen Text über das Telefonieren zu verfassen. Dieser Wettbewerb war für Erwachsene und Kinder offen. Ian gewann den ersten Preis mit einem eigenartigen Gedicht, das die Bedürfnisse der Telecom vollkommen befriedigte.

```
I´m in the bath midst clouds of steam
eveloped in a rosy dream.
Ring ! Ring ! O dreaded sound I hear
```

```
And dripping wet, a towel I wear.
»Do you know the price of gold ?«
Wrong number ! Now the water´s cold.
```

Ironischerweise hatte Ian aufgrund seiner beeinträchtigten Verbalsprache nie ein Telefon benutzt.

1989 stellte unser Techniker den für Ian speziell angepassten Stuhl fertig. Er erfüllte seinen Zweck; Ian war in der Lage, selbstständiger, mit nur einer Hand seines Stützers auf der Schulter, zu schreiben. In diesem Jahr wechselte Ian in die Mittelstufe der Schule. Anstatt den ganzen Tag in einem Klassenraum bleiben zu können, musste er jetzt mehrmals täglich zwischen verschiedenen Klassenzimmern wechseln. Ians schwache Schultern und sein schlechtes Gleichgewicht schlossen aus, dass er schwere Dinge tragen konnte. Seine Integrationshilfe musste schon seine Tasche mit den Büchern und eine Schreibmaschine zwischen den Klassenräumen umhertragen. Es war für sie deshalb nicht möglich, auch noch einen Stuhl mitzunehmen. Diese Schule verlangte in allen Bereichen eine große Menge an Schreibarbeit, sodass zu einem bestimmten Grad die Unabhängigkeit der Geschwindigkeit geopfert werden musste. Wenn die Tastatur niedrig war, konnte Ian zu diesem Zeitpunkt mit einer Berührung des Stützers an seinem Kopf schreiben; zeitweise war Tippen sogar ohne jede Berührung möglich. Dies alles ging aber sehr langsam vonstatten. Wenn er Unterstützung am Ellbogen erhielt, kam er erheblich schneller zu einem Ergebnis. Ian musste nicht nur die gleiche Menge an Hausaufgaben wie die anderen Kinder erledigen, er musste zu Hause auch noch die Arbeit aufholen, die er in der Schule nicht erledigen konnte. Größere Unabhängigkeit würde bedeuten, dass er als Schüler der siebten Klasse zu Hause täglich noch vier Stunden zu arbeiten hätte.

Als Ian an dieser Schule anfing, wurden alle Schüler gebeten, ein Bild von sich selbst zu zeichnen. Ian hatte nicht die Handfertigkeiten, um zeichnen zu können, deshalb schrieb er:

ME

```
This is a portrait of strange me.
I cannot draw, so you can see
I´ll have to paint it all in words.
My eyes are blue, my hair is fair,
my type of speaking is quit rare,
A skinny weed I seem to be.
Inside I am a man of dreams -
Of fearless deeds and cunning schemes,
A handsome superman
I fact, when in a pensive mood,
I´m better far thaan Robin Hood
Or even Sherlock Holmes.
I´m Liberace on the keys
And white Shark Norman on the tees,
Jack Brabham in the car.
So when you meet me at the school
I may be Amstrong in the pool -
So look out for the
SPLASH !
```

Norman, Brabham und Amstrong sind Helden des australischen Sports.

Zu dieser Zeit beschränkte sich das Engagement des DEAL-Zentrums auf das Training von Ians neuen Integrationslehrern und -hilfen; gelegentlich wurde auch an akuten Problemen gearbeitet. Während seiner Zeit auf der Grundschule wurde Ian immer ruhiger, als er aber die Mittelstufe besuchte, stellten sich die Geräusche und sein nicht situationsangemessenes Lachen wieder ein. Obwohl er flüssig mit seinen neuen Helfern tippen konnte, arbeitete er wenig in der Schule. Daraufhin bekam er Besuch von unserer Logopädin. Sie vermutete, dass einer der Gründe für seine mangelnde Kooperation darin liegen würde, dass er einige Aufgaben nicht bearbeiten konnte. Sie unterzog Ian daraufhin detaillierten Sprachtests. Wie sich herausstellte, hatte Ian einige Schwierigkeiten beim Lesen, die teilweise aus Problemen mit der visuellen Koordination und teilweise aus mangelnder Sehschärfe herrührten. Ian erhielt daraufhin eine Brille, die diese Probleme entscheidend verminderte. Es zeigten sich auch geringe Schwierigkeiten im Gebrauch des Kurzzeitgedächtnisses und beim Hervorbringen von Wörtern. Außerdem hatte Ian einige Schwierigkeiten, komplexe Sprachstrukturen zu dekodieren. Alle diese Probleme hatten seine Leistungen in der Klasse beeinflusst. Die Logopädin sprach diese an. Ian waren sie bewusst, er gab an, er hätte sie nicht selbst angesprochen, da er befürchtete, er würde aus der Schule ausgeschlossen. Er wollte auch nicht, dass die Logopädin diese Schwierigkeiten ansprach. Für Ian gab es faktisch kein Risiko, ausgeschlossen zu werden, die Aufgaben, die er anging, absolvierte er sehr gut. Das DEAL-Zentrum empfahl einige Veränderungen bei der Präsentation der Aufgaben. Gedrucktes Material sollte im Fotokopierer vergrößert und störendes Beiwerk entfernt werden. Er sollte auch Hilfe beim Einhalten der Zeile erhalten, indem man Linien ziehen oder ein Lineal verwenden würde. Diese Probleme wurden allmählich gelöst oder bessere Anpassungsmöglichkeiten gefunden.

1990 wurde Ian für den Gewinn eines landesweiten schulwissenschaftlichen Wettbewerbes für Schüler achter Klassen ausgezeichnet. Seine schulische Leistung war sehr zufriedenstellend, es drängten sich nun jedoch andere Probleme in den Vordergrund. Da er später in die Regelschule eingeschult wurde, war er älter als die anderen Schüler. Seine Klassenkameraden waren nun zwischen 13 und 14 Jahre alt und erreichten die Pubertät. Es wurde ihnen bewusst, dass Ian anders ist. Ian, der damals 16 Jahre alt war, wurde immer mehr bewusst, was die anderen Schüler taten und was er verpasste. Zu Ende dieses Jahres schrieb Ian eine Fortsetzung seines früheren Selbstportrais.

Daydreaming

Sixteen years of super dreams
Have faded to reality -

No langer images of fame
Drift through my personality.
Once I loved to sit alone,
Dreaming I was flying high
Taking capsules to the moon,
Fighting Rambo! Now I sigh.
Each day I was like a super scout,
Making the world a better place,
Playing tennis just like Cash
In every game I held the ace.
cached in my mind, a mighty fund
Of stories with myself as hero -
Now at last the sad truth dawns;
Down my hopes have gone to zero.
Here I am, a weakling lad.
What replaces all my dreams?
Earthbound, speechless, without friends,
A teenage misfit in blue jeans.

In dieser Zeit wurden Ians Diagnosen überprüft. Sein Kinderarzt diagnostizierte ihn als autistisch. Menschen mit Autismus wird manchmal die Unfähigkeit zugeschrieben, menschliche Beziehungen einzugehen. Ian aber schien in gleicher Weise dazu fähig zu sein wie seine Altersgenossen. 1992 schrieb er über seine sehr nette Schwester:

My sister broke up with her boyfriend last week and she is a real pain since then. I like Tommy living with us, sometimes he would play ball with me and I sit and watch him do his drawings. My sister is a fool and lazy, all she cares about is herself and her ugly dogs. I wish she would like me better, she hates me I think. I wish she would take me out for a drive sometimes in her nice car and meet her friends.

My Sister
My sister is a fool.
Just silly as her dogs.
Poor old Tommy got thrown out the other
   day to his dismay.
I miss him terribly. At least he was sane.
As for the dogs they could have gone too.
Oh listen to Lisa weep.
But why? She threw him out.
Oh God I wish she´d get married and move
   away.
That´s my sister. Crazy -
Doesn´t even know when she had it good.

Das Victorian Certificate of Education ist eine abschließende Prüfungsphase für Schüler der Mittelstufe, die normalerweise zwei Jahre dauert. Ian wird dazu drei Jahre benötigen. Momentan (1993) ist er dabei, das erste Jahr abzuschließen. Wegen der Menge an Arbeit, kann er nur in wenigen Bereichen arbeiten. Bis jetzt sind seine Ergebnisse zufriedenstellend, trotz kleinerer Probleme mit der Geschwindigkeit bei der Arbeit mit einem neuen Stützer.

Da Geschwindigkeit oberstes Gebot ist, muss die Unabhängigkeit wieder zurückstehen. Trotz intensiver Ergotherapie in den letzten Jahren ist Ian immer noch erheblich langsamer, wenn er alleine schreibt, als mit Unterstützung am Ellbogen. Wenn er früher zu tippen und an seinen Handfunktionen zu arbeiten begonnen hätte, könnte er heute vielleicht eine annehmbare Geschwindigkeit erreicht haben.

Subjektiv gesehen erhöhte sich auch die Anzahl der situationsangemessen gesprochenen Antworten. Natürlich gab es eine Unberechenbarkeit bei Äußerungen, die der Situation nicht angemessen waren, bei Geräuschen und beim Kichern. Diese Verhaltensweisen traten mit stereotypen Handbewegungen auf, wenn Ian aufgeregt oder angespannt war. Ians Blickkontakt ist gut, und er benutzt nonverbale Gesten, wie beispielsweise Händeschütteln oder *abklatschen*, angemessen.

Ians Geschichte illustriert die Wichtigkeit eines multidisziplinären Ansatzes für nonverbale Kommunikation. Ein solcher Ansatz macht den Einsatz fast aller Teammitglieder erforderlich. Seine Entwicklung verlief parallel zu der Entwicklung des Trainingsprogramms zur Gestützten Kommunikation am DEAL-Zentrum. Ian war einer der Klienten, von denen wir lernten und mit denen wir neue Strategien versuchten. Die Herausforderung für die Zukunft wird für Ian darin bestehen, eine befriedigende Tätigkeit für die Zeit nach der Schule zu finden. Für uns ist es eine Herausforderung, ihm einen schnellen und unabhängigen Zugang zu einer angemessenen Kommunikationshilfe zu ermöglichen. Ein kleiner Laptop mit einer Stimme und einem Programm, das Wörter automatisch komplettiert oder einsetzt, würde ihm vielseitige und wichtige Möglichkeiten eröffnen.

Fallstudie 2 – Paul

Paul war zwölf Jahre alt und ging in die sechste Klasse, als er von seinen Eltern im September 1989 ins DEAL-Zentrum gebracht wurde. Seine Eltern waren in den Vierzigern und qualifizierte Fachleute. Paul war das zweite von drei Kindern. Er hatte Down-Syndrom.

Pauls gesamte motorische Entwicklung war nur gering verzögert. Mit 18 Monaten ging er selbstständig. Er sprach seine ersten Wörter in diesem Alter aus und seine ersten Zwei- und Dreiwortsätze mit 24 Monaten. Als Kleinkind variierte seine Sprache von Tag zu Tag, und seine Muster wurden bis in die ersten Jahre seiner Grundschulzeit beibehalten. Manchmal drückte er sich auch in Sätzen aus und initiierte Unterhaltungen. In anderen Situationen schien er Schwierigkeiten zu haben, Antworten zu geben, die nur aus einem Wort bestanden. Zwischen dem sechsten und achten Lebensjahr erhielt Paul einmal wöchentlich eine Stunde Sprachtherapie. Da kein Fortschritt zu beobachten war, wurde diese Therapie abgebrochen. Mit zwölf Jahren äußerte Paul gelegentlich einen vollständigen Satz, meistens benutzte er aber Zwei- und Dreiwortsätze. Manchmal gelang ihm selbst das nicht, und er antwortete nicht verbal auf Fragen, sondern benutzte Gesten. Obwohl Paul einige Probleme mit seiner Artikulation hatte, war seine Verbalsprache normalerweise verständlich. Dies schien bis zu einem gewissen Grad von seinem Muskeltonus abzuhängen, der sehr variabel war. An manchen Tagen schien es für Paul zu schwer zu sein, seinen Körper zu bewegen. Seine Verbalsprache war dann eingeschränkter und weniger artikuliert, er initiierte keine Konversationen und bewegte sich kaum. An anderen Tagen, wenn er voll Energie war, war sein Muskeltonus höher, und er sprach wesentlich mehr. Seine mündliche Sprache war immer noch nicht normal, und er konnte immer noch nicht alles das sagen, was er eigentlich sagen wollte. Trotz dieser frustrierenden Situation konnte er sprechen, wenn er angesprochen wurde, stellte spontan Fragen und gab Kommentare ab, die einen bösen Humor offenbarten. Selbst wenn er nicht so gesprächig war, zeigten seine Reaktionen auf komplexe Anweisungen oder Witze, dass seine Fähigkeit zu verstehen weit über das Niveau seiner Sprachproduktion hinausging.

Ein besonderes Problem plagte Paul und seine Familie. Er wiederholte sich und sagte immer wieder dasselbe Wort. Sein erstes Wort im Kindergarten war »Banane«; Paul wurde dafür sehr viel gelobt. Dadurch ermutigt, benutzte er es oft, sodass es automatisiert wurde und zu allen ungünstigen Momenten hervorkam. Paul war noch nicht über den Punkt hinaus, durch »Banane« absichtlich seine Eltern zu ärgern; unglücklicherweise trug dies jedes Mal dazu bei, dass es immer wahrscheinlicher wurde, dass dieses Wort auch herauskommen würde, wenn er es eigentlich gar nicht wollte.

Paul hatte die örtliche Grundschule mit einem für ihn abgewandelten Curriculum besucht. Er hielt sich zwar in der Klasse auf, es wurde aber nicht erwartet, dass er die gleichen Dinge leistete wie die anderen Schüler. Mit zwölf Jahren hatte er die Schreibfertigkeiten auf dem Niveau von Sechs- bis Siebenjährigen. Wenn er mit der Hand schrieb, zeigten sich Bewegungsplanungs- und Perseverationsprobleme. Er konnte nicht laut lesen, verbrachte aber viel Zeit mit der Beschäftigung mit altersgemäßen Büchern. Seine Familie beobachtete ihn amüsiert, man dachte, er würde seine Schwestern imitieren. Seine Mutter sagte, er könne aufgrund langwierigen Unterrichts ein wenig Klavier spielen, er hätte aber Probleme, seine Schuhe zu schnüren. Paul war selbstständig und fand alleine den Weg zur Schule und von dort wieder zurück nach Hause.

Pauls Eintritt in die Mittelstufe sollte im Februar 1990 stattfinden. Seine Eltern und Lehrer waren besorgt; wie würde sich Paul lernend und sozial in seiner neuen Schule zurechtfinden? Seine Kommunikation bedurfte weiterer Hilfe. Zu diesem Zeitpunkt suchten seine Eltern nach augmentativen Kommunikationsstrategien, mit deren Hilfe sich Paul verständlich machen könnte. Es wurde vorgeschlagen, auf die australische Gebärdensprache zurückzugreifen. In Victoria ist das *Makaton Sign Vocabulary* (Grove/Walker 1990) die von Menschen mit Down-Syndrom am häufigsten verwendete augmentative Strategie (Iacono/Parsons 1986). Es wurden dabei jedoch verschiedene wichtige Aspekte übersehen. In der Mittelstufe einer Regelschule stehen keine Kommunikationspartner zur Verfügung, die diese Sprache beherrschen. Während es in einer Grundschule noch möglich ist, die Klasse und den Lehrer im Gebrauch dieser Gebärden zu unterrichten, ist dies in einer solchen Schule schwieriger. Die Schüler sind dort nicht mehr permanent im Klassenverband. Es ist ebenfalls für den Benutzer der Gebärden schwierig, den Anforderungen des Schulstoffs mit diesem eingeschränkten Vokabular gerecht zu werden. Darüber hinaus stellt eine Zeichensprache bestimmte Anforderungen an die motorischen Fertigkeiten (Klein 1982). Als Paul gebeten wurde, eine einfache Handstellung zu imitieren, war er nicht in der Lage, dies zu tun. Er sollte beide Hände hochhalten, die Zeigefinger strecken und die anderen Finger zurückhalten. Stattdessen musste er seine linke Hand dazu benutzen, die Finger seiner rechten Hand herunterzudrücken, damit er seinen Zeigefinger isolieren konnte. Das soll nicht bedeuten, dass der Erwerb der Gebärdensprache unmöglich ist. Es stellt sich aber die Frage nach dem Aufwand mit dem Paul die Zeichenmuster erlernen kann.

Wie die meisten anderen Kinder und Erwachsenen mit schweren kommunikativen Beeinträchtigungen, die mit der Diagnose einer geistigen Behinderung verbunden sind, litt auch Paul an einem Mangel an Selbstbewusstsein. Wenn er angesprochen wurde, gab er sich schüchtern und ließ den Kopf hängen. Er verhielt sich mürrisch und unkooperativ, bis ihm ein Spielzeug angeboten wurde. Wir nahmen einen *My Talking Computer*. Über dieses Spielzeug versuchten wir Erkenntnisse über den Schüler in Bezug auf sein Vorstellungsverständnis zu gewinnen. Die Aufgaben reichen von Worterkennung bis zur Komposition von Sätzen aus ausgewählten geschrienenen Wörtern. Nachdem er alle gestellten Aufgaben erfolgreich absolviert hatte, tippte Paul seinen Namen und `I CAN READ I GET SILLY I CANT STOP SOMETIMES SCHOOL THINK I`M STUPID` auf seinem Computer. Er hatte beträchtliche Schwierigkeiten, seinen Zeigefinger zu isolieren, um auf die Buchstaben zu drücken. Dies konnte vermindert werden, wenn er in seiner Handfläche mit den anderen Fingern ein Rohr umklammerte. Pauls Kommunikationspartner hielt das andere Ende des Rohrs, um seinen niedrigen Muskeltonus und seine mangelnde Ausdauer zu kompensieren (und um ihn bei der Sache zu halten). Ein Test zeigte, dass er altersentsprechend sinnentnehmend lesen konnte. Dies ist nicht außergewöhnlich; Buckley (1985) führt eine Reihe von Beispielen von Kindern mit Down-Syndrom an, die in diesem Bereich die gleichen oder bessere Fertigkeiten hatten als ihre Altersgruppe. Pauls Möglichkeiten zu buchstabieren waren eingeschränkt, sein Vokabular erschien aber überdurchschnittlich, und sein Satzbau war normal.

Paul hatte die Gewohnheit, in ein unreifes Verhalten zurückzufallen, wenn er Angst hatte. Ob er nun ängstlich war, weil er sich in einer neuen Situation befand, oder ob er vielleicht Angst bekam, weil man ihn wie ein Baby behandelte, sein Verhalten war unproduktiv. Zum Ende des Jahres 1989 besuchte Paul einige Male seine neue Schule. Sein Verhalten war unpassend. Wenn er gebeten wurde, Dinge zu tun, legte er sich auf den Boden, verweigerte sich und rief immer wieder »Banane«, zeigte aber keine seiner Fähigkeiten.

In den sechs Wochen seiner Weihnachtsferien kommunizierte Paul flüssig mit allen Mitgliedern seiner Familie, indem er auf seinem Computer tippte. Er benutzte dieses Gerät überall, mit seinen Verwandten, seinen Nachbarn und mit seinen Freunden. Es wurde beobachtet, dass er aufrechter ging, andere Menschen ansah und verbal oder mit Hilfe seines Computers antwortete, wenn er angesprochen wurde. Paul führte diese Veränderung auf seine neue Möglichkeit zu kommunizieren zurück. Seine Familie berichtete, dass man damit begonnen habe, anders mit ihm umzugehen, nachdem er ihnen über sein Tippen unerwartete Fähigkeiten und Verständnis offenbarte.

Im Juli 1990 sagte Pauls neuer Lehrer, der seiner Ankunft mit Schrecken entgegengesehen hatte: »Jetzt ist er ein Schüler wie jeder andere.« Sein Kontakt zum DEAL-Zentrum war auf den Besuch einer monatlichen Kommunikationsgruppe beschränkt. Paul zögerte dort nicht, seine Meinung zu äußern: `I INSIST ON ACADEMIC [WORK] ON THE NEXT SESSION BEING HELD HERE AND AM I DAMM WELL GOING TO GET IT.` Er absolvierte kein verändertes Lernprogramm mehr. Im Dezember 1990 erreichte er sein bestes Resultat (90 Prozentpunkte) in Deutsch, das für alle Schüler ein neues Fach war. Er konnte kurze Antworten ohne jede Stützung schreiben, er ermüdete dabei aber schnell. In den meisten Stunden wurde er von einer Integrationshilfe begleitet. Wenn diese nicht anwesend war, benötigte er jemanden, der das Ende des Rohrs hielt, wenn er längere Antworten tippte. Er bat einfach einen der anderen Schüler um Hilfe. 1991 berichteten Pauls Mutter und sein Lehrer, dass er mehr sprechen würde und dass sein aktiver Wortschatz sich erweitert hätte. Clunies-Ross (1990) stellte fest, dass Lesefertigkeiten von jungen Menschen mit Down-Syndrom dazu genutzt werden können, deren Verständnis und Gebrauch von mündlicher Sprache zu verbessern. Paul nahm normalerweise ein Wort in sein mündliches Sprachsystem auf, nachdem er es getippt hatte. Natürlich hatte er noch nicht alle Wörter ausgesprochen, die er schon getippt hatte, und es bestanden auch noch Schwierigkeiten beim lauten Lesen. Ein Logopäde vermutete kürzlich, dass eine verbale Dyspraxie vorliegen könnte.

1991 ergaben sich bei Paul keine Schwierigkeiten mehr, den Zeigefinger zu isolieren, seine Tendenz zur Perserveration hatte nachgelassen. Es war so möglich, den Peabody Picture Vocabulary Test, (Dunn/Dunn 1981) ohne Stützung auszuführen. Um eine korrekte Testdurchführung zu gewährleisten, wurde jedes der vier Bilder vorgestellt, bevor die Frage gestellt wurde. Paul wurde ermutigt, sich vor jeder Antwort Zeit zu nehmen. Sein Ergebnis lag über 99% und bestätigte den anfänglichen Eindruck, dass er über ein exzellenten Wortschatz verfügt.

Pauls Kommunikationstraining wird 1993 fortgesetzt. Er muss vollkommen unabhängig tippen können, um seine Verbalsprache und seine Handschrift optimal zu ergänzen. Er benötigt auch eine schnelle Möglichkeit, eine Routinenachricht an Tagen zu übermitteln, an denen seine Verbalsprache ihn im Stich lässt. Es müssen kleine Kommunikationsbücher mit den wichtigsten Begriffen für unterschiedliche Situationen entwickelt werden. Paul muss auch lernen, einen der Situation angemessenen Kommunikationsmodus zu wählen. Er muss dann zwischen Verbalsprache, Gesten, Kommunikationsbuch und Tippen entscheiden. Die Notwendigkeit, einen angemessenen Modus auszuwählen, wurde offensichtlich, als Paul als Jugendlicher begann, seine Betreuer auf dem Computer zu beschimpfen. Da es immer einen ausgedruckten Beweis gab, wurde Paul in regelmäßigen Abständen von der Schule suspendiert. Wenn er die Beschimpfungen verbal geäußert hätte, wären möglicherweise keine Konsequenzen erfolgt.

Die Herausforderung

Ian und Paul sind zwei Menschen mit schweren kommunikativen Beeinträchtigungen, die als schwer beziehungsweise mittelschwer geistig behindert eingeordnet wurden. Training im Bereich der nonverbalen Kommunikation hat beide in die

Lage versetzt, die Etiketten infrage zu stellen, die ihnen geben wurden. Jeder von ihnen hatte andere Einschränkungen im Bereich der Handfunktionen, die die Fähigkeit beeinflussten, eine augmentative Kommunikationsstrategie zu benutzen. Beide benutzen Stützung, um diese Einschränkungen zu umgehen. Damit Kommunikationstraining erfolgreich sein konnte, war es notwendig, die Störungen der Handfunktionen und auch der Sprache zu untersuchen und zu behandeln. Die Erfahrungen deuten darauf hin, dass Menschen, die sowohl in ihrer Verbalsprache als auch in ihren Handfunktionen eingeschränkt sind, bezüglich der Beurteilung ihres Intellekts besonders verwundbar sind.

Die Leistungen von Paul und anderen Menschen mit Down-Syndrom, denen eine Alternative zur Verbalsprache und Handschrift gegeben wurde, fügen sich in die umfangreiche Literatur ein, die sich mit »unerwarteten« Leistungen der Menschen mit Down-Syndrom beschäftigt (Clunies-Ross 1986). Gegenwärtig wird zwar eingeräumt, dass die Möglichkeiten von Menschen mit Down-Syndrom allgemein unterschätzt werden, aber nur bei einer kleinen Gruppe wird eine normale oder fast normale Intelligenz für möglich gehalten. Diese kleine Gruppe könnte aus Menschen bestehen, deren Verbalsprache und Handfunktionen uneingeschränkt sind. Hier lassen sich Parallelen zu einer anderen Gruppe ziehen, zu den Menschen mit Zerebralparese.

Vor sechzig Jahren war es allgemein verbindliches Wissen, dass die Schwere der Zerebralparese die Schwere der geistigen Behinderung reflektiert. Mit dem Einzug der elektronischen und mobilen Hilfen wurde klar, dass keine zwangsläufige Beziehung zwischen der Schwere der körperlichen Behinderung und dem Intellekt besteht. Viele Menschen mit Zerebralparese, die nicht über eine verständliche Verbalsprache und funktionelle Handfunktionen verfügen, haben mittlerweile erfolgreich ihren Schulabschluss erreicht. Ob solche intellektuellen Leistungen für alle Menschen mit Down-Syndrom möglich sind, ist ungewiss. Erst wenn die erste Gruppe von Schülern, deren expressive Einschränkungen von Beginn an berücksichtigt wurden, die normale Schullaufbahn durchlaufen hat, wird man dazu Aussagen machen können.

Da sich Paul und Ian gehend fortbewegen, benötigen sie leicht zu transportierende Geräte, die sie mit ihren Händen benutzen können. Das Trainingsprogramm zur Gestützten Kommunikation hat ihnen eine Möglichkeit zur Kommunikation eröffnet; sie entwickelten die für die Benutzung von Kommunikationshilfen notwendigen Fertigkeiten. Andere Klienten des DEAL-Zentrums, die anfänglich in ähnlicher Weise der Stützung bedurften, tippen jetzt unabhängig. Diese Unabhängigkeit bleibt ein Ziel für Ian und Paul. Bis sie unabhängig werden, wird ihre Kommunikation aufgrund eines möglichen Einflusses des Stützers in Frage gestellt werden (IDRP 1989).

Johnson (1989) und Biklen und Schubert (1991) beschreiben die ähnlich begründete Anwendung einer ähnlichen Stütztechnik in Dänemark und den USA bei Menschen, die als geistig behindert und/oder autistisch eingestuft wurden. Das Auftreten von behandelbaren feinmotorischen Problemen und Beeinträchtigungen der Sprache bei älteren Kindern oder Erwachsenen wird voraussichtlich an solchen Orten geringer sein, an denen eine Untersuchung zur Feststellung neuromotorischer Probleme stattfindet. Das umfasst auch das Angebot von entsprechenden Maßnahmen, durch die diese Probleme vermindert werden. Trotz bester Programme zur Frühförderung wird es immer Kinder mit schweren kommunikativen Beeinträchtigungen geben, die eine zusätzliche Kommunikationsmöglichkeit benötigen. Eine Konzentration auf die für die Gebärdensprache und für den Zugang zur Kommunikationshilfe notwendigen Fertigkeiten, verbunden mit einer positiven Einstellung gegenüber dem intellektuellen Potenzial der Kinder mit schweren kommunikativen Beeinträchtigungen, wird die Notwendigkeit des Trainingsprogramms zur Gestützten Kommunikation erheblich reduzieren.

Die Ergebnisse der Menschen, die Gestützte Kommunikation angewendet haben, deuten darauf hin, dass weitere Forschung in verschiedenen Bereichen notwendig ist. Diese Forschung könnte Aufschlüsse geben über

- die Verbindung zwischen Verbalsprache und Feinmotorik,
- die Angemessenheit von Beurteilungen der intellektuellen Möglichkeiten bei Menschen mit schweren kommunikativen Beeinträchtigungen,
- das Auftreten von verminderbaren neuromotorischen Problemen bei Menschen, die als geistig behindert beurteilt wurden,
- die informelle Aneignung von Fertigkeiten des Lesens und Schreibens durch Kontakt zu Schrift in der Umwelt.

Schließlich bedürfen viele Fragen, die direkt mit dem Prozess des Stützens verbunden sind, einer Untersuchung.

Ian und Paul haben eine Gemeinsamkeit. Ihr Leben befindet sich in einem Stadium, in dem es unmöglich ist, ihnen die Möglichkeit der Kommunikation mit Hilfe von Stützung vorzuenthalten, selbst dann, wenn Ressourcen für andere, unabhängige Programme zur Verfügung stehen (Beukelmann 1991). Die Einführung solcher Programme erfordert laut Haney (1988) einen Zeitraum von fünf bis sechs Jahren. Diese sollen mit einer anfänglichen augmentativen Intervention zum Erreichen von Kommunikationskompetenz beginnen, an die sich die Einführung von Kommunikationshilfen im dritten und vierten Jahr anschließt. Trainingsprogramme zur Gestützten Kommunikation sind keine Ideallösung für schwere Kommunikationsprobleme. Trotz der offensichtlichen Einschränkungen und Nachteile ermöglicht dieses Programm einigen Menschen, Ziele zu erreichen, die für sie unerreichbar schienen. Es ist eine Unterrichtsmethode, die für Menschen mit schweren kommunikativen Beeinträchtigungen erwogen werden sollte, deren Handfertigkeiten eine erfolgreiche Benutzung einer Kommunikationshilfe ausschließen. Anne McDonald bemerkte dazu, »jemand muss den Sprung auf eine neue Ebene der Verständigung mit dem behinderten Menschen tun, denn der Sprachlose selbst kann es nicht. Unterlassung ist keine Sünde. Aber die Unterlassung, den Zweifel zugunsten des behinderten Menschen sprechen zu lassen, ist ein Verbrechen« (Crossley/McDonald 1990, S. 82).

Nachwort

Das vorliegende Buch beschreibt ein Trainingsprogramm zur Kommunikationsförderung für Menschen, die in ihren verbalsprachlichen und handmotorischen Möglichkeiten eingeschränkt sind. Es ist aber mehr als die Beschreibung einer Technik. Die Gestützte Kommunikation (GK) impliziert die Grundhaltung, dass allen Menschen der Wunsch, das Bedürfnis, das Recht und die Kompetenz zur Kommunikation zugesprochen wird.

Bevor ich das ganze Jahr 1994 am DEAL-Zentrum in Melbourne verbrachte, waren meine Vorstellungen weitgehend festgelegt. Nach Abschluss des Studiums der Geistigbehindertenpädagogik stellte sich mir mein Arbeitsgebiet überschaubar dar. Man orientierte sich an medizinischen Diagnosen oder an Etiketten, auf deren Grundlage man die Fähigkeiten von Menschen beurteilte und an denen man zum Teil sein pädagogisches Handeln ausrichtete. Man bediente sich in der sonderpädagogischen Diagnostik formeller und informeller Testverfahren, die die bisherigen Annahmen zu bestätigen schienen, und es bestand kein Anlass, die Ergebnisse infrage zu stellen.

Schon in den ersten Wochen am DEAL-Zentrum wich meine anfängliche Skepsis gegenüber der GK. Die Einarbeitung in diese Methode führte dazu, dass meine bisherigen Sichtweisen tief erschüttert wurden.

Mein erster Klient war Bruce. Bruce war zum damaligen Zeitpunkt 25 Jahre alt und vormals als geistig behindert eingestuft worden. Bedingt durch eine schwere zerebrale Bewegungsstörung, verfügte er über keine Verbalsprache und konnte nur durch Nicken und Schütteln des Kopfes kommunizieren. Er benutzte die GK schon über einen Zeitraum von vier Jahren. Alle Versuche, eine unabhängige angemessene Kommunikationsmethode für ihn zu finden, hatten sich als nicht erfolgreich erwiesen.

Rosemary Crossley regte an, mit Bruce ein vollständiges Trainingsprogramm zu durchlaufen. Dabei sollte er mir mit seiner Erfahrung helfen, die für einen Stützer notwendigen Fertigkeiten zu entwickeln. Selbst bei Stützern und Klienten des DEAL-Zentrums, die beide über Erfahrungen mit der GK verfügen, wird von Rosemary Crossley der Beginn auf einer einfachen Ebene empfohlen, wenn diese erstmalig zusammenarbeiten. Wir begannen auf einer tiefen Stufe der Kommunikationsleiter mit sehr strukturierten Aktivitäten. In dieser Phase kam es vor, dass Bruce mit meiner Stützung Buchstaben in Lückenwörter einsetzte, die ich aufgrund meiner eingeschränkten Englischkenntnisse fehlerhaft gelöst hätte. Ich bemerkte auch in solchen Situationen meine Neigung, während des Stützens meine eigenen Vorstellungen hinsichtlich des korrekten Buchstabens einzubringen, indem ich zunächst unbewusst die Auswahl von Bruce verhinderte. Diese Probleme konnte ich durch gesteigerte Konzentration und Geduld erheblich vermindern, sodass wir nach einigen Wochen zu weniger strukturierten Aktivitäten übergehen konnten.

In unseren Sitzungen versuchten wir Themenbereiche zu bearbeiten, die unseren Interessen entsprachen, und einigten uns schnell auf den Bereich Sport. Bruce war eine großer Anhänger des »Australian Football«. Während ich stützte, diskutierten wir über die einzelnen Mannschaften und deren Spieler. Als Besucher in Australien waren mir natürlich nur wenige Spielernamen bekannt. Bruce übermittelte mir über die GK Namen von Spielern bestimmter Mannschaften, die ich dann nur anhand der Aufstellungen in der Tagespresse überprüften konnte. Dieses Erlebnis zeigte mir eindeutig, dass Bruce Nachrichten übermittelte, die mir vollkommen unbekannt waren. Zum Ende des Jahres erreichten wir ein Niveau, das es mir ermöglichte, mit Bruce in einem vorher abgesteckten thematischen Feld zu kommunizieren.

Meine Erfahrungen mit Bruce machten mich sehr nachdenklich. Wie wäre ich wohl einem solchen Menschen mit meinem bisherigen Verständnis von Behinderung gegenübergetreten?

In der Vergangenheit wurden bei vielen Menschen, die ähnlich wie Bruce in ihrer Verbalsprache eingeschränkt waren, Rückschlüsse von ihrem sprachlichen auf ihr kognitives Vermögen gezogen. Beispielsweise wurden (und werden) die kognitiven Potenziale von Menschen mit Autismus an den verbalsprachlichen Fähigkeiten gemessen. Den Menschen mit Autismus, die über funktionale Verbalsprache verfügten, wurde ein höheres kognitives Funktionsniveau zugestanden, während die Personen, die nicht sprachen, entsprechend auf einem niedrigen Niveau eingestuft wurden.

Sicherlich waren nicht alle Einschätzungen zur damaligen Zeit falsch, und sicherlich ist die GK nicht für alle Menschen geeignet, die als autistisch und/oder geistig behindert eingestuft werden. Die Erfahrungen und Erkenntnisse, die sich aus der GK ergeben haben, deuten aber darauf hin, dass sie zumindest für einige Menschen dieses Personenkreises eine sinnvolle Kommunikationsmethode ist.

Die Pioniere in der Anwendung der GK traten vor allem in den USA mit den Ergebnissen ihrer Arbeit an die Öffentlichkeit. In ihrer Euphorie stellten sie zunächst ausschließlich positive Erfahrungen und Erkenntnisse dar. Sie versäumten es dabei oft, auf Grenzen und Problematiken dieser Methode hinzuweisen, die von Crossley in zahlreichen Veröffentlichungen und Vorträgen schon beschrieben worden waren. Es entstand der Eindruck, dass die GK für alle Menschen sinnvoll ist, die als autistisch und/oder geistig behindert eingestuft sind. Der von Crossley entwickelte Weg der vorherigen Einschätzung und Abwägung von Alternativen (Kap. 1 und 2) war zu diesem frühen Zeitpunkt nicht allen Anwendern bekannt. Ein anderes Missverständnis, das Crossley in diesem Buch auszuräumen versucht, ist die vor allem in den USA vereinzelt vertretene Ansicht, die GK würde über Telepathie funktionieren (Kap. 11).

In der Geschichte der Wissenschaft hat es seit jeher Entdeckungen gegeben, die zunächst auf vehementen Widerspruch stießen, die aber Auslöser für intensive Forschung waren und zu wichtigen Erkenntnissen führten. Auch die GK verursachte nach ihrer raschen Verbreitung in Australien, den USA und in Europa erhebliche Kontroversen. In Fachkreisen fand eine extreme Polarisierung statt, aus der eine Gruppe der uneingeschränkten Gegner und eine Gruppe der uneingeschränkten Befürworter entstanden. Die Gegner bezweifelten die Glaubwürdigkeit der Nachrichten, die über diese Methode übermittelt werden, in der Hauptsache aus zwei Gründen: *Erstens,* die Nachrichten, die Menschen, die als geistig behindert und/oder autistisch eingestuft wurden, mit dieser Technik produzierten, lagen weit über den intellektuellen Möglichkeiten, die ihnen vorher zugesprochen wurden. *Zweitens,* bei der Beobachtung eines Kommunikationsvorganges zwischen Stützer und Gestütztem ließ sich nicht eindeutig erkennen, wer der Urheber einer Bewegung und somit einer Nachricht ist.

Es war für viele Gegner auch nicht nachzuvollziehen, wie diese Menschen ohne systematischen Unterricht Lesen und Schreiben erlernen konnten. Dem Kapitel 4 dieses Buches ist noch hinzuzufügen, dass die moderne Grundschuldidaktik in Deutschland sich von den klassischen Methoden zur Schriftanbahnung zu lösen beginnt. Fanden bis vor kurzem ausschließlich analytische und synthetische Verfahren beim Erstlesen und Erstschreiben Anwendung, gilt jetzt für viele Lehrer und Schüler der Spracherfahrungsansatz (Brügelmann 1992) als sinnvoll. Brügelmann geht wie auch Crossley von der Tatsache aus, dass Schriftkompetenz bis zu einem bestimmten Grad durch Erfahrung mit Schrift in der Umwelt erworben wird.

Unglücklicherweise entstand auch bezüglich des Wissenschaftsansatzes, mit dem die Phänomene untersucht werden sollten, eine Polarisierung. Die Kritiker stützen die Skepsis und die damit verbundene Ablehnung auf die Ergebnisse von Experimenten. In einer Vielzahl von eilig durchgeführten Studien (vgl. z.B: Wheeler u.a. 1992; Hudson u.a. 1993; Klewe 1993;

Calculator u.a. 1992) wurde versucht, den Stützer von gestellten Aufgaben abzuschirmen (blind condition), während der Benutzer der GK diese lösen sollte. Es wurde auch versucht, den Einfluss des Stützers auf die Kommunikation zu messen, indem man dem Kommunikationspaar in Experimenten unterschiedliche Bilder präsentierte (double blind). In einer Übersicht über diese Studien bis 1993 fasste Rimland (1993) zusammen, dass nur bei ca. 5% der Teilnehmer die Authentizität der Nachrichten nachzuweisen war. Viele Autoren folgerten auch, dass die Kommunikation durch den Stützer beeinflusst würde, da im »Double-blind-Ansatz« Bilder beschrieben wurden, die nur der Stützer sehen konnte.

Die Pioniere der GK stützten ihre Überzeugung, dass diese Methode tatsächliche Kommunikation ermöglicht, auf unstrukturierte Beobachtungen. Sie sammelten über einen längeren Zeitraum Informationen, die auf die Authentizität der übermittelten Nachrichten hinweisen. Dabei werteten sie beispielsweise die Übermittlung von nachprüfbaren, dem Stützer nicht bekannten Informationen oder typische, bei der Arbeit mit verschiedenen Stützern auftretende grammatische Fehlermuster als einen Nachweis für die Authentizität. Sie lehnten es ab, diese Experimente als beweiskräftig anzuerkennen, da die Untersuchungsbedingungen ihres Erachtens den schwierigen Bedürfnissen der Menschen, die sich über die GK mitteilen, nicht gerecht wurden. Auch Crossley fordert in dem vorliegenden Buch die Berücksichtigung von Wortfindungsstörungen, das Angebot von flexiblen Aufgabenstellungen, die Einrichtung eines angemessenen Zeitrahmens und die Gelegenheit zu üben, wenn eine solche Untersuchung unter experimentellen Bedingungen durchgeführt wird.

Weiss und Wagner (1997) verweisen zu Recht auf den Ansatz Piagets, der die Notwendigkeit von Beobachtungen bei der Beurteilung intellektueller Entwicklungen forderte, auf die dann in einem zweiten Schritt strukturierte Methoden der Untersuchung folgen sollten. Sie bemerken weiter, dass ein Aspekt der Brillanz Piagets seine Fähigkeit war, ein flexibler Beobachter und gleichzeitig Experimentator zu sein.

Diesem Gedanken folgend, wurden in den letzten beiden Jahren experimentelle Studien durchgeführt, die sich von den bis dahin veröffentlichten im Versuchsansatz und im Ergebnis erheblich unterscheiden. Cardinal/Hanson/Wakeham (1996) führten ihre Untersuchung mit der Zielsetzung durch, mehr über die Schwierigkeiten der Benutzer der GK bei der Übermittlung von Nachrichten an einen »blinden« Stützer zu erfahren. In der sechs Wochen andauernden Studie konnten 85% der 43 Teilnehmer korrekte Informationen in zwei von fünf Versuchen weitergeben (33% in drei von fünf Versuchen). Die Autoren sehen es als erwiesen an, dass ein positives Ergebnis nicht nur von den Bedingungen während des Tests abhängt, sondern auch von der Möglichkeit des vorherigen Übens. Balduc und Parsons (1997) untersuchten mögliche Parameter, die Leistungen in Validitätsuntersuchungen beeinflussen könnten. Sie hofften, Erklärungen für die gegensätzlichen Ergebnisse der unterschiedlichen Untersuchungsansätzen zu finden. Sechs Teilnehmer und fünf Stützer bearbeiteten drei verschiedene Aufgabenstellungen, während der Stützer immer von der Aufgabe abgeschirmt war. Die Autoren folgern aus ihren Beobachtungen und Experimenten, dass der Versuchsaufbau das Ergebnis in kontrollierten Untersuchungen beeinflusst.

In einer Studie der Universität zu Köln (Schützendorf/Cardinal, 1996) versuchten alle an einer solchen Untersuchung beteiligten Personen gemeinsam, die Bedingungen (z.B: Zeit, Aufgabenstellungen, Schreibhilfen) so zu gestalten, dass der Benutzer der GK seine Kompetenz in einer experimentellen Studie nachweisen kann. Auch Crossleys oben beschriebene Forderungen sollten in den Aufbau einfließen. Zunächst fand eine eingehende Beobachtungsphase statt, in der die Bedingungen für die experimentelle Phase von allen beteiligten Personen entwickelt werden sollten. Während der Testphase sollte dann untersucht werden, ob die so geschaffenen Bedingungen den kognitiven, emotionalen, sozialen und physischen Bedürfnissen der Teilnehmer gerecht werden, wobei diese in der experimentellen Phase weiter optimiert werden sollten. Nach wiederholter Variation verschiedener Bedingungsvariablen stieg der Prozentsatz der korrekten Antworten (unter Abschirmung des Stützers) bei den Teilnehmern deutlich an (von 25% auf 60 % bzw. von 13% auf 69%).

Cardinal und Biklen (1997) untersuchten verschiedene experimentelle Studien, die dazu entworfen wurden, die Authentizität der Nachrichten über die GK zu untersuchen. Es handelte sich dabei sowohl um Studien mit vollkommen negativen Ergebnissen als auch um Studien mit positiveren Ergebnissen. Die Autoren klassifizierten 14 Bedingungsvariablen (z.B. variable Aufgabenstellungen, Übung, eingeräumte Zeit), deren Berücksichtigung Einfluss auf die Leistungen haben könnten. Cardinal und Biklen resümieren, dass die Beweiskraft der experimentellen Studien sehr stark von den in den Studien geschaffenen Bedingungen abhängt.

Der vielleicht beeindruckendste Beweis für die Gültigkeit der GK ist, dass immer mehr Anwender das von Crossley ausgewiesene Ziel der Unabhängigkeit erreicht haben. Da bisher nur wenige Benutzer der GK über einen langen Zeitraum mit Hilfe dieser Technik unterrichtet worden sind, ist deren Gesamtzahl bisher relativ gering. Es existieren aber einige Studien, die detaillierte Informationen über eine solche Entwicklung geben. So beschreibt Biklen (1997) die Erfahrungen von acht Schülern auf ihrem Weg zu einem unabhängigen Tippen. Drei dieser Schüler sind mittlerweile in der Lage, ganze Sätze vollkommen unabhängig, ohne körperlichen Kontakt zu schreiben. Sie bedurften zum Teil aber der Nähe des Stützers und dessen Motivation. Die anderen fünf Schüler konnten bestimmte Inhalte (Name, Datum, Ja/Nein, Multiplechoice-Auswahlen, diktierte Wörter) ohne Stützung tippen.

Zum gegenwärtigen Zeitpunkt kann als wissenschaftlich gesichert gelten, dass das Phänomen der GK existiert, auch wenn viele Aspekte dieser Technik noch im Dunkeln liegen. Weitere interdisziplinäre Forschung könnte Licht in diese Dunkelheit bringen. Fest scheint aber jetzt schon zu stehen, dass verschiedene bisherige Sichtweisen von Behinderung neu überdacht werden müssen. Es muss eine Neuorientierung bei der Beurteilung nichtsprechender Menschen stattfinden, die vormals als geistig behindert eingestuft wurden und deren Potenziale lange Zeit nicht erkannt und genutzt wurden.

Crossley fordert auch eine detaillierte neuromotorische Diagnostik für alle Kinder mit erheblicher Sprachverzögerung und eine frühe Förderung durch Logopäden und Krankengymnasten. Sie sieht in der GK auch einen Impuls für weitere Forschung und die Entwicklung anderer Methoden, die dazu führen können und sollen, dass die GK eines Tages überflüssig wird.

Die notwendige und legitime Auseinandersetzung um diese Methode sollte uns nicht vergessen lassen, dass die GK für einige Menschen der einzige Weg zu einer Kommunikation ist; Menschen, die den Wunsch, das Bedürfnis, das Recht und die Kompetenz zur Kommunikation haben.

Ralf Schützendorf

Literaturverzeichnis

Benutzte Literatur

Bayley, N. (1969): The Bayley Scales of infant development. New York. Psychological Corporation.

Beukelmann, D.R. (1991): Magic and cost of communication competence. In: Augmentative and Alternative Communication, 1, S. 2–10.

Biklen, D./Schubert, A. (1991): New Words: The communication of students with autism. Remedial and Special Education, 12 (6), S. 47–57.

Bloomberg, K./Johnson, H. (1990): A statewide demographic survey of people with severe communication impairments. In: Augmentative and Alternative Communication, 1, S. 50–60.

Buckley, S. (1985): Attaining basic educational skills: reading, writing and number. In: D. Lane/B. Straford (Hrsg.): Current approaches to Down-Syndrome (S. 315–343). London: Holt, Rinehart and Winston.

Clunies-Ross, G. (1986): The development of children with down-syndrom: Lessons from the past and implications for the future. In: Australien Paedriatric Journal, 22, S. 167–169.

Clunies-Ross, G. (1990): Intellectual disability – language and reading. In: The right to read – Publishing for people with reading disabilities. Canberra, Australia: National Library of Australia.

Cornforth, A.R.T./Johnson, K./Walker, M. (1974): Makaton vocabulary: Teaching sign language to the deaf mentally handicapped. In: Apex, 1, S. 23f.

Crossley, R./McDonald, A. (1990): Annie. Licht hinter Mauern. München: Piper.

Dumas, A. (1977): Der Graf Monte Cristo. Frankfurt a.M.: Insel Taschenbuch.

Dunn, L./Dunn, L. (1981): Peabody Picture Vocabulary Test – Revised, Form M. Circle Pines, MN: American Guidance Services.

Frankenburg, W.K./Dodds, J.B. (1967): The Denver Developmental Screening Test, Journal of Pediatrics 71, S. 181–191.

Grove, N./Walker, M. (1990): The Makaton Vocabulary. Using manual signs and graphic symbols to develop interpersonal communication. In: Augmentative and Alternative Communication, 1, S. 15–28.

Haney, C. (1988): Communication device today, competency tomorrow: Are we being realistic in our expectations? In: Assistive Device News, 2, S. 5f.
Harrington, K. (1988): A letter from Annie. In: Communicating Together, S. 4, 5.
Iacono, T.A./Parsons, C.L. (1986): A survey on the use of sign programs in Victorian facilities for the intellectually disabled. In: Australian Communication Quarterly, 2, S. 21–25.
IDRP – Intellectual Disability Review Panel (1989): Report to the Director general on the reliability and validity of assisted communication. Melbourne, Australia: Office of Intellectual Disability Services.
Johnson, I. (1989): Hellish difficult to live in this world. In: Journal of Social Work Practice, 1, S. 13–29.
Klein, M.D. (1982): Pre-Sign Language Motor Skills. Tucson, AZ: Communication Skill Builders.
La Pointe, J. (1984): Reading Comprehension Battery for Aphasia. Tizard, OR: C.C. Publications.
McDonald, E.T.,/Schultz, A.R. (1973): Communication boards for cerebral palsied children. In: Journal of Speech and Hearing Disorders, 38, S. 73–88.
McNaughton, S. (1990): Gaining the most from augmentative communication's growing years. In: Augmentative and Alternative Communication, 1, S. 2–14.
McNaughton, S./Kates, B. (1980): The application of Blissymbolics. In: R.L. Schiefelbusch (Hrsg.): Nonspeech language and communication. Analysis and intervention (S. 303–321). Baltimore: University Park Press.
Oppenheim, R.F. (1974): Effective teaching methods for autistic children. Springfield, IL: Charles C. Thomas.
Police v. Williams (1990, May): Moe Magistrates court, Australia.
Sacks, O. (1990): Stumme Stimmen. Reise in die Welt der Gehörlosen. Reinbek: Rowohlt.
Vicker, B. (1974): Non-oral communication system project. 1964–73 Iowa University Hospital School, University of Iowa.
Victorian Symbol Standardization Committee (1983): COMPIC Computer Pictographs for Communication. Melbourne, Australia: Swinburne Institute of Technology.

Weitere Literatur

Attwood, T./Remington-Gurney, J. (1992): Assessment of literacy skill using facilitated communication. In: C. van Kraayenoord (Hrsg.): A survey of adult literacy provision for people with intellectual disabilities. Brisbane: Schonell Special Education Research Centre, University of Queensland.

Attwood, T. (1993): Bewegungsstörungen und Autismus: Eine logische Begründung für den Gebrauch der »Gestützten Kommunikation«. In: autismus, nr. 35.

Balduc, S./Parsons, C. (1997): Factors affecting performance in facilitated communication. In: Biklen, D./Cardinal, D. (Hrsg.): Contested words – contested science. New York: Teachers College Press.

Batt, M./Crossley, R./Remington-Gurney, J. (1987): Apraxia. An unrecognized cause of severe communication impairment. In: Australian Communication Quarterly, Vol. 2, Spring.

Berger, C.L. (1992): Facilitated communication. The breakthrough. In: Communication Outlook, 14, S. 3–5.

Beukelman, D.R./Mirenda, P. (1992): Augmentative and alternative communication. Management of severe communication disorders in children and adults. Baltimore: Paul H. Brookes.

Biklen, D./Cardinal, D. (Hrsg.) (1997): Contested words – contested science. New York: Teachers College Press.

Biklen, D. (1990): Communication unbound: autism and praxis. In: Harvard Education Review, 60, 3, S. 291–314.

Biklen, D. (1992): Autism orthodoxy versus free speech. A reply to Cummins and Prior. In: Harvard Educational Review, 62 (2), S. 242–250.

Biklen, D. (1992): Typing to talk; facilitated communication. In: American Journal of Speech-Language Pathology, 1 (2), S.15.

Biklen, D. (1997): The multiple meanings of independence: perpectives from facilitated communication. In: Bilken, D./Cardinal, D.: Contested words – contested science. New York: Teachers College Press.

Biklen, D./Morton, M./Gold, D./Berrigan, C./Swaminathan, S. (1992): Facilitated communication. Implications for individuals with autism. In: Topics in Language Disorders, 12, 4, S. 1–28.

Biklen, D./Morton, M./Saha, S./Duncan, J./Hardodottir, M./Karna, E./ O'Connor, S./Rao, S. (1991): I AMN NOT A UTISTIC OH THJE TYP (I am not autistic on the typewriter). In: Disabilty, Handicap & Society, 6 (3) S. 161ff.

Botash, A./Babuts, D./Mitchell, N./O'Hara, M./Manuel, J./Lynch, L. (1994): Evaluations of children who have disclosed sexual abuse via facilitated communication. In: Archives of Pediatrics and Adolescent Medicine, 148, S. 1282–1287.

Brügelmann, H. (1992): Kinder auf dem Weg zur Schrift. Bottighofen: Libelle.

Calculator, S./Singer, K. (1992): Preliminary Validation of Facilitated Communication. In: Topics in Language Disorders, 12, 5, S. ix–xvi.

Calculator, S. (1992): Perhaps the emperor has clothes after all; a response to Biklen. In: American Journal of Speech-Language Pathology, 1, 2 S. 18ff.

Cardinal D./Hanson, D./Wakeham, J. (1996): An investigation of authorship in facilitated communication. In: Mental Retardation, 34 (4), S. 231–242.

Cardinal, D./Biklen, D. (1997): Suggested procedures for confirming authorship through research: An initial investigation. In: Biklen, D./Cardinal, D. (Hrsg.): Contested words – contested science. New York: Teachers College Press.

Crossley, R./Remington-Gurney, J. (1992): Getting the words out: Facilitated communication training. In: Topics in Language Disorders, 12 (4) S. 29–45.

Crossley, R. (1988): Unexpected communication attainments by persons diagnosed as autistic and intellectually impaired. Paper delivered at the Biennial ISAAC Conference, Anaheim, California.

Crossley, R. (1991): Facilitated communication training. In: Communicating Together, 9 (2) S. 20–23.

Crossley, R. (1992): Getting the words out: Case studies in facilitated communication training. In: Topics in Language Disorders, 12 (4) S. 46–59.

Crossley, R. (1992): Lending a hand – a personal account of facilitated communication training. In: American Journal of Speech-Language Pathology, 1 (3) S. 15ff.

Crossley, R. (1993): Flying High on Paper Wings. Interchange.

Crossley, R. (1997): Speechless. New York: Dutton Signet.

Cummins, R./Prior, M. (1992): Autism and Assisted Communication. A Response to Biklen. In: Harvard Educational Review, 62 (2) S. 228–241.

Donellan, A./Sabin, L./Majure, L. (1992): Facilitated communication. beyond the quandry to the questions. In: Topics in Language Disorders, 12 (4) S. 69ff.

Dwyer, J. (1996): Access to Justice for People with Severe Communication Impairment. In: Australian Journal of Administrative Law, 3 (2) S. 73–119.

Eastham, D. (1992): Silent Words. A Biography: Ottawa, Oliver-Pate.

Eichel, E. (1996): Gestützte Kommunikation bei Menschen mit autistischer Störung. Dortmund: Projekt.

Hertz, L. (1995): Ich sage nichts, weil ich mich vor der Welt fürchte. Freiburg: Herder.
Hudson, A./Melita, B./Arnold, N. (1993): Brief report. A case study assessing the validity of facilitated communication. In: Journal of Autism and Developmental Disorders, 23 (1) S. 165–173.
Janzen-Wilde, M./Duchan, J./Higginbotham, D. (1995): Successful use of Facilitated Communication with an Oral Child. In: Journal of Speech and Hearing Research, 38, S. 658–676.
Johnson, I. (1988): When the pen is mightier than the word. In: Community Care, July, S. 24–26.
Klewe, L. (1993): Brief report: An empirical evaluation of spelling boards as a means of communication for the multihandicapped. In: Journal of Autism and Developmental Disorders, 23 (3), S. 559–566.
Martin, R. (1994): Out of silence. New York: Henry Holt.
McNaughton, S./Lindsay, P. (1992): Facilitated Communication. A good way to travel, a runaway train, or both? In: Communicating Together, 10 (4), S. 2.
Naay, C. (1993): Einführung in die Methode der Gestützten Kommunikation. Hrsg. von »Hilfe für das autistische Kind«, Regionalverband München.
Nagy, C. (1996): Gestützte Kommunikation: Konzept und Erfahrungen. Geistige Behinderung, Fachzeitschrift der Bundesvereinigung Lebenshilfe, 35. Jg. April 1996, S. 160–169.
Nolan, C. (1989): Unter dem Auge der Uhr. Köln: Kiepenheuer & Witsch.
Olney, M. (1995): Reading between the lines. A case study on facilitated communication. In: JASH, 20, 1, S. 57–65.
QDFSAIA – Queensland Department of Family Services and Aboriginal and Islander Affairs (1993): The Queensland report on facilitated communication. Brisbane: Selbstverlag.
Remington-Gurney, J. (1991): Facilitated communication in mainstream schools. In: Australian Communication Quarterly, 6.
Rimland, B. (1993): F/C under siege. In: Autism Research Review International, 7 (1), S. 2–7.
Schawlow, A./Schawlow, A. (1985): The endless search for help. In: Brady, M./Gunther, P. (Hrsg.): Integrating moderately and severely handicapped learners. Strategies that work. Springfield, Ill.: Charles C. Thomas.
Schützendorf, R./Cardinal, D. (1996): Vorläufige Ergebnisse einer Studie zur Validität der GK der Universität zu Köln, Seminar für Geistigbehindertenpädagogik. Papier, präsentiert auf der dritten überregionalen Tagung FC, München, im April.
Sellin, B. (1993): ich will kein in mich mehr sein – botschaften aus einem autistischen kerker. Köln. Kiepenheuer & Witsch.

Sellin, B. (1995): ich deserteur einer artigen autistenrasse. neue botschaften an das Volk der oberwelt, Köln: Kiepenheuer & Witsch.
Sheehan, C./Matuozzi, R. (1996): Investigation of the validity of facilitated communication through the disclosure of unknown information. In: Mental Retardation, 34, (2) S. 94–107.
Swerissen, H./Newton, J. (1989): Facilitated augmentative and alternative communication in natural settings by people assessed as having an intellectual disability. Unpublished paper. Melbourne: La Trobe University.
Vanderheiden, G./Grilley, K. (1975): Non-vocal communication techniques and aids for the severely physically handicapped. Baltimore: University Park Press.
Weiss, M./Wagner, S. (1997): Emerging validation of facilitated communication: New findings about old assumptions. In: Biklen, D./Cardinal, D. (Hrsg.): Contested words – contested science. New York: Teachers College Press.
Weiss, M./Wagner, S./Bauman, M. (1996): A Validated Case Study of Facilitated Communication. In: Mental Retardation, 34 (4) S. 220–230.
Wheeler, D./Jacobson, J./Paglieri, R./Schwartz, A. (1992): An Experimental Assessment of Facilitated Communication. New York: New York State Office of Mental Retardation and Developmental Disabilities.
Williams, D. (1992): Ich könnte verschwinden, wenn du mich berührst. Erinnerungen an eine autistische Kindheit. Hamburg: Hoffmann und Campe.
Williams, D. (1994): Wenn du mich liebst, bleibst du mir fern. Eine Autistin überwindet ihre Angst vor anderen Menschen. Hamburg: Hoffman und Campe.
Zöller, D. (1989): Wenn ich mit euch reden könnte. Bern/München/Wien: Scherz.
Zöller, D. (1992): Ich gebe nicht auf. Bern/München/Wien: Scherz.

Die Autor/innen

Rosemary Crossley, geb. 1945, studierte Pädagogik und arbeitet seit 1972 mit Schwerstmehrfachbehinderten. 1986 gründete sie das DEAL-Zentrum zur Beratung und Förderung kommunikationsbehinderter Menschen in Melbourne und ist dessen Direktorin. Sie wurde von der englischen Königin 1986 mit dem »Order of Australia« ausgezeichnet.

Christiane Nagy, geb. 1950, studierte Fremdsprachen und unterrichtete einige Jahre an einem Gymnasium. Nachdem der ältere Sohn als autistisch diagnostiziert wurde, widmete sie sich zunehmend der Arbeit im Elternverband »Hilfe für das autistische Kind« und begann 1992 mit ihrem Sohn die Gestützte Kommunikation. Seither spezialisiert sie sich auf diesem Gebiet und hat eine Broschüre zur Einführung in die Methode verfasst. Sie hält Seminare und Vorträge, schreibt Zeitschriftenbeiträge und organisiert Tagungen zur Gestützten Kommunikation.

Ralf Schützendorf, geb. 1967, studierte Sonderpädagogik an der Universität Köln und arbeitete ein Jahr (1994) am DEAL-Communication-Centre in Melbourne. Er ist Sonderschullehrer.

AUTISMUS-THERAPIE

Maureen Aarons / Tessa Gittens

Das Handbuch des Autismus

Ein Ratgeber für Eltern und Fachleute
Übersetzt von Jürgen Wendeler.
Vorwort von Lorna Wing.
176 Seiten. Gebunden.
ISBN 3-407-85108-1

Maureen Aarons und Tessa Gittens haben über 20 Jahre mit autistischen Kindern gearbeitet und sind überzeugt, daß Eltern ein Recht haben, so viel wie möglich über Autismus zu wissen. Indem sie die wesentlichen Probleme beim Erkennen des Autismus klären, verhilft ihr Buch Lehrern und Fachleuten zu einem besseren gegenseitigen Verständnis. Es ermöglicht Lesern, Autismus aus einer breiteren Perspektive zu verstehen, und zwar sowohl seine Geschichte als auch die gegenwärtige Forschung über mögliche Ursachen. Es stellt auch die jüngsten Denkmodelle über die Diagnose dar, über die Behandlung und die Erziehung und über medizinische Aspekte. Die Autorinnen beschreiben ihr Entwicklungsmodell für die Untersuchung des Autismus bei einzelnen Kindern und untersuchen Bereiche speziellerer Probleme, wie das soziale Verständnis und die Kommunikation. Falluntersuchungen werden herangezogen, um die Variabilität des Autismus zu illustrieren. Hauptsächlich als Lektüre für Eltern autistischer Kinder bestimmt, wird das Handbuch des Autismus auch eine große Hilfe für alle Fachleute sein, die in der Ausbildung oder in der Praxis mit der Erziehung und dem Wohlergehen autistischer Kinder zu tun haben.

AUTISMUS

Francoise Lefèvre

Schwarze Wolke Niemandsland

Die Geschichte der außergewöhnlichen Heilung des autistischen Kindes Julien-Hugo.
Aus dem Französischen von Ingrid Altrichter.
176 Seiten. Gebunden.
ISBN 3-88679-821-6

Eine Schriftstellerin und ihr ehemals autistischer Sohn erzählen die Odysee seiner außergewöhnlichen Heilung. Mit Texten des elfjährigen Julien-Hugo, wie er seinen Autismus erlebte. Julien Hugo ist autistisch, die Ärzte haben das Kind aufgegeben. Doch seine Mutter, die Schriftstellerin Francoise Lefèvre, ist der festen Überzeugung: Man kann autistische Kinder heilen, wenn man diese Krankheit früh genug erkennt. Einzigartig und aufrüttelnd beschreibt sie ihre Erfahrungen mit Julien-Hugo und einer »Gesellschaft, die selbst autistisch zu werden droht« (Lefèvre). Mit elf Jahren gilt Julien-Hugo als geheilt, und er beschreibt in Texten, die ein Viertel des Buches ausmachen, seinen autistischen Geisteszustand: »Mein Gehirn ist ein großer, leerer Speicher mit schweren, schwarzen Wolken darin...« Diese doppelte Geschichte ist außergewöhnlich und – nicht nur für Betroffene – ein erschütterndes Zeugnis der Kraft von Liebe, Geduld und Akzeptanz gegenüber einem aus jeder Norm fallenden Menschen.

BELTZQUADRIGA

Beltz Verlag · Postfach 100154 · 69441 Weinheim

B0203